Economía
Espiritual

Otro libro de Eric Butterworth
traducido al español:

DESCUBRE TU PODER INTERNO

Economía Espiritual

*Los principios y el proceso
de la verdadera prosperidad*

Eric Butterworth

Unity Village, Missouri

Para recibir un catálogo de todas las publicaciones de Unity en español o hacer un pedido, escriban a nuestro Departamento de Servicios en Español, Unity, o llamen sin costo al 1-866-498-1500 ó 816-251-3574 (llamadas internacionales).

Primera edición en español 2003; segunda impresión 2004

Diseño de la cubierta por Gretchen West
Fotografía en la cubierta © por Mark E. Gibson/RO-MA STOCK

Para todas las citas bíblicas se utilizó la
Reina-Valera 1995, edición de estudio.

Library of Congress Cataloging-in-Publication Data
Butterworth, Eric.
    [Spiritual economics. Spanish]
    Economia espiritual / Eric Butterworth.
       p.   cm.
    ISBN 0-87159-237-1 (pbk.)
    1. Wealth—Religious aspects—Unity
  2. Unity—Doctrines. I. Title.
    [BX9890.U505B87518 2000]
    241'.68—dc21   99-12360
                                                CIP

Para Unity House es un deber sagrado ser una presencia sanadora en el mundo. Al imprimir con tinta biodegradable de soya en papel reciclado, creemos que ponemos de nuestra parte para ser administradores sabios de los recursos de nuestro planeta Tierra.

*"Cosas que ojo no vio, ni oído oyó
ni han subido al corazón del hombre,
son las que Dios ha preparado
para los que lo aman."*
—1 Corintios 2:9

Indice

Prólogo

Es imposible separar las experiencias de nuestra vida en categorías mutuamente exclusivas de tal manera que una no influya o tenga impacto en la otra. Los adelantos en la ciencia, medicina, arte y, en efecto, en la economía, todos surgen de la misma fuente, la mente creativa que recurre al Ser interno y finalmente se expresa en nuestras acciones.

Los diversos aspectos de nuestra vida son gobernados por leyes que, aunque no tan fáciles de comprender como la ley de gravedad, son tan reales como dicha ley. Además, las leyes que rigen esos varios aspectos son compatibles. Hay un aspecto espiritual, queramos o no queramos, en la ley que gobierna la conducta humana.

Economía espiritual de Eric Butterworth expresa en forma clara y concisa las leyes que rigen la economía. Estas leyes no son diferentes porque el Sr. Butterworth las llame economía *espiritual*. Estas leyes son verdaderas a pesar de la designación que se les atribuye, y ellas no han cambiado desde la publicación del libro por primera vez. Tal vez seas un agnóstico o una agnóstica. Sin embargo, los resultados de dejar que tus pensamientos del mundo interno se desarrollen y se expresen en acción producirían los mismos resultados como los del estudiante más dedicado, si el proceso de desarrollo fuera el mismo. El Sr. Butterworth sugiere que Dios no tiene alternativa, nosotros sí.

En el Sermón de la Montaña, Jesús nos dice que debemos ir la "segunda milla", hacer *más* de lo esperado. ¿Es ésta una verdad engañosa, abstracta, sin fundamento? O, ¿es, tal vez, una de las declaraciones más claras de la ley de economía? ¿Qué podría traer más prosperidad a un comerciante al por menor que dar mayor valía a una mercancía de lo esperado?

La vida de mi jefe, el Sr. Penney, es un ejemplo maravilloso de la economía espiritual en práctica así como de la economía espiritual que termina prematuramente. Durante los primeros quince años de su exitosa y fenomenal carrera como comerciante al por menor, él tuvo una visión que resultó en un formato para ventas al detalle que fue más eficaz, que dio más valor y servicio. El compartió esa visión, y el éxito de esa visión, con otros. Su enfoque se basó en el proceso indicado en *Economía espiritual* de Eric Butterworth y es análogo a los pasos indicados en este libro.

El éxito que el Sr. Penney tuvo lo llevó desafortunadamente a pensamientos, no de servicio, sino de importancia personal, de poder y hasta de codicia. Esta disposición a sucumbir a las tentaciones del poder personal tuvo resultados económicos desastrosos, con excepción de la Compañía Penney. Se encontró arruinado tanto económica como emocionalmente a los cincuenta y siete años de edad. El vivir de acuerdo con las leyes espirituales había cedido a una voz diferente. Sin embargo, el Sr. Penney, debido a su gran base espiritual, pudo superar esa errónea dirección y triunfar finalmente sobre ella.

Los beneficios tecnológicos del siglo veinte han echado abajo barreras y han permitido un fluir más libre de la inteligencia universal que es asequible a todos nosotros. Sin duda, el siglo veintiuno acelerará ese proceso. Es imposible imaginar las grandes ganancias económicas que resulten de la expansión de la Mente universal cuando compartimos el conocimiento y la visión más el deseo de dejar que todos se beneficien de su fuerza colectiva.

En cada uno de nosotros hay un impulso de vivir plenamente y de compartir esa plenitud con otros también. Eric Butterworth ha detallado sucintamente los pasos necesarios para alcanzar esa plenitud. El nos advierte apropiadamente que no es la acumulación de "cosas", sino la voluntad de servir y de compartir la vida abundante que es asequible si estamos dispuestos a prestar atención a nuestra Fuente interna y convertir nuestra voz interior en visión y acción.

Mi experiencia personal confirma la verdad del mensaje

de Eric Butterworth. Apoderarnos de algo muy valioso sin
escuchar y afirmar calladamente ha resultado general-
mente en pérdida financiera; sin embargo, la paciencia y
un deseo cuidadosamente razonado de servir han producido recompensas financieras.

Tomando en cuenta la perspectiva histórica del progreso del hombre, tenemos beneficios inimaginables aún
por realizar como cocreadores al dar forma a la abundancia ilimitada de la tierra para el bien de todos.

David F. Miller
marzo 1997

David F. Miller es vicepresidente jubilado de la junta directiva de
JC Penney Company, Inc. y fue director principal de sus operaciones.

Prefacio

Vivimos en una época de grandes cambios. Las grandes corporaciones modernizan su personal para reflejar la necesidad de mayores eficiencias de funcionamiento, y también para el impacto de la automatización. Industrias enteras o son eliminadas completamente o cambian a nuevas especialidades. El resultado: los empleos que una vez eran considerados seguros ahora son eliminados. Muchos trabajadores se enfrentan con la necesidad de recibir nuevo adiestramiento para entrar en nuevos campos de trabajo. Mucha gente emprende actividades empresariales que requieren fe y visión y la necesidad de utilizar el fluir universal de substancia.

Saludable es una palabra común que connota "propicio para la salud", esto es, buena comida, bastante descanso y un ambiente de altas vibraciones. Sin embargo, no hay palabra que se relacione con las cosas que contribuyen a una experiencia personal de riqueza

. . . y debe haberla. Por tanto, me he tomado la libertad de inventar la palabra *wealthful* (palabra que no existe en inglés, pero que podríamos traducir al español: *enriquecedor*). Es una palabra maravillosa. Te la recomiendo. Dila a menudo.

Hay gran necesidad de establecernos en esos factores que favorecen prosperidad. Es necesario apartar el enfoque de nuestra atención de la carencia, las suspensiones de empleados y limitaciones, y llevarlo a la omnipresencia de la substancia universal. Podemos ver ésta en la omnipresencia de vida en toda la naturaleza y podemos sentirla en el interminable fluir de ideas creativas que provienen de nuestras mentes en momentos de inspiración. Al igual que hay experiencias que son saludables para nosotros, así hay experiencias que son enriquecedoras.

Expónte constantemente a ideas que enriquecen —piensa en prosperidad, piensa en substancia, piensa en opulencia. Las clases de pensamientos que gobiernan tu mente influirán en tu vida para el bien o para el mal y se manifestarán en tu mundo. *Economía espiritual* trata de tales pensamientos. Te lo recomiendo firmemente. Y apoyado por el testimonio de un gran número de gente que ha escrito para decir de la influencia positiva que este libro ha tenido en sus vidas al trabajar con él, creo sinceramente que puede ser una influencia enriquecedora en tu vida.

—Eric Butterworth

Introducción

"Mayor que los pasos de poderosos ejércitos es una idea cuyo momento ha llegado."

—Víctor Hugo

Este libro trata sobre la verdadera prosperidad. Los conceptos que expresa claramente se aplican a gobiernos y a gente. Has sido atraído a este libro por cita divina, de modo que podría ser que *Economía espiritual* es una idea que ha llegado a tu vida en el momento correcto.

¿Puedes aceptar la máxima de Emerson de que naces para ser rico o para enriquecerte inevitablemente debido al uso de tus facultades? Si no, tal vez estés obsesionado por la antiquísima confusión de la santidad con la pobreza. Cualquier clase de carencia y limitación es aberración en un Universo opulento. Toda persona que experimenta carencia vive, de alguna manera, de modo contrario al flujo universal.

Charles Fillmore, cofundador de Unity School of Christianity, asombró el sistema religioso de su época (y la nuestra) cuando dijo: "¡Es un pecado ser pobre!" El no se refería a vileza moral, sino más bien a "la frustración de la potencialidad". El creyó y enseñó que, cuando nos establecemos en la conciencia de Dios, todo el Universo se mueve para fluir en nosotros con su abundancia de vida y substancia. Obviamente, esto es lo que Jesús pensaba cuando dijo: "Buscad primeramente el reino de Dios y su justicia, y todas estas cosas os serán añadidas" (Mt. 6:33).

Por lo general se ha dado por sentado que en tiempos de reveses económicos, todos somos víctimas de un extraño malestar con el cual no podemos hacer otra cosa que esperar y ver qué sucede. Sin embargo, el estudio de las leyes de la economía espiritual revela que podemos hacer mucho por nosotros y conjuntamente por nuestro país y nuestro mundo.

Por lo común, se cree que la limitación financiera es sencillamente un capricho de la suerte ("He tenido mala suerte últimamente"), o el resultado de la voluntad caprichosa de Dios. Por lo tanto, la gente común tiene la esperanza de cosas mejores, y hasta trate de cambiar su suerte al jugar la lotería. Pueden, también, fantasear acerca de una vida feliz y abundante. Pero no tratarán, o apenas traten, de ser otra de lo que creen ser —y la limitación financiera es parte de lo que creen ser.

Al igual que la mayor parte de los males físicos se consideran ahora de origen psicosomático, así debemos empezar a hacer frente a la posibilidad de que los problemas financieros pueden ser la manifestación externa de estados internos de conciencia. Una gran idea cuyo tiempo ha llegado es que no hay tal cosa como un problema absolutamente financiero que no esté relacionado con las actitudes y emociones falsas que lo causaron, o con una actitud o emoción saludable que pueda sanarlo.

Para sacar el máximo provecho de este estudio, desearás declarar tu independencia de la creencia de que tu bienestar personal está atado completamente a las fluctuaciones económicas del mundo. Además, desearás establecerte en la convicción de que el libre fluir de substancia sólo puede ser bloqueado en tu interior, y nadie más que tú puede impedir el bien que te pertenece. Al volverte consciente de las leyes de la economía espiritual, puedes efectuar algunos cambios verdaderamente espectaculares en la vida —cambios "de indigencia a afluencia".

Se hace uso excesivo de la palabra *afluencia* en nuestro tiempo y, por lo general, ella implica automóviles, casas y chucherías de todo género. Su significado literal es "un fluir abundante", y no cosas. Cuando estamos centrados conscientemente en el fluir universal, experimentamos dirección interna y el desenvolvimiento de la actividad creativa. Las cosas llegan también, pero la prosperidad no es sólo poseer cosas. Es la conciencia lo que atrae cosas.

Permíteme aclarar al principio que estoy en completo desacuerdo con el creciente énfasis en el movimiento metafísico al dinero y las cosas como objetos para el estudio y práctica de la Verdad. Estoy de acuerdo con John

Ruskin quien dijo: "¿Qué derecho tienes de tomar la palabra *riqueza*, que significó originalmente 'bienestar', y degradarla y reducirla al limitarla a cierta clase de objetos materiales medidos por el dinero".

La palabra *prosperidad* ha sido corrompida para implicar oro en polvo que cae del cielo. La palabra *millonario* es usada en exceso para apelar al instinto adquisitivo del estudiante. Y los signos del dólar a menudo adornan las cubiertas de los libros sobre prosperidad para sugerir que la acumulación de riquezas es cierto crecimiento espiritual. Miro todo eso como una materialización total de una hermosa Verdad espiritual.

La palabra *prosperidad* viene de la raíz latina cuya traducción literal es: "de acuerdo con la esperanza" o "seguir adelante con optimismo". Por esto, no es tanto una condición en la vida como una actitud hacia la vida. La persona verdaderamente próspera es lo que el psicólogo Rollo May llama "la persona que funciona plenamente", la que experimenta lo que Jesús llamó la vida más abundante. Yo digo:

La prosperidad es un modo de vivir y pensar,
y no solamente dinero o cosas.
La pobreza es un modo de vivir y pensar,
y no solamente carencia de dinero o cosas.

Considerada en el sentido más amplio, prosperidad es "bienestar espiritual". Esto envuelve toda la experiencia de la vida sanadora, el amor satisfaciente, la paz y armonía permanentes así como una suficiencia de lo que Aristóteles llamó el "mobiliario de la fortuna". Demasiado a menudo la tendencia del maestro y el estudiante es estar tan absortos en la demostración de empleos y cuentas de banco que olvidan que la persona es una criatura total en un Universo completo. En este trabajo, enfocamos en la economía espiritual, estamos eternamente conscientes de un ambiente de ecología espiritual, la Verdad que nos libera de todo problema de la experiencia humana. La conciencia es la que establece todos los límites en la vida, si es que los hay. Hemos sido condicionados erróneamente a creer que nuestras vidas son moldeadas completamente por lo que sucede a nuestro alrededor y por lo que nos sucede. Pero la vida se vive de adentro hacia fuera. No es lo que sucede "allá fuera", sino lo que hacemos o pensamos sobre lo que sucede.

El punto de partida para comprender la prosperidad es hacerte responsable de tus pensamientos, de este modo te haces cargo de tu vida. No eres responsable de lo que se dice en el *Wall Street Journal*, o lo que sale de Washington en cuanto a indicadores económicos, mas eres muy responsable de lo que piensas sobre esas cosas. No puedes permitir que los llamados expertos decidan cómo vas a *pensar* y cómo te vas a sentir. Porque tu manera de pensar y de sentirte sobre la economía en general y tus asuntos financieros en particular determinarán invariablemente lo que experimentas.

Si tomas en serio el programa que este libro sugiere,

querrás hacer el compromiso de ponerte y sostenerte en la corriente positiva de la vida. Rehúsa dar rienda suelta a la conversación casual (¿debe ser la palabra *causal?*) sobre la mala economía, el alto costo de la vida, o acerca de todo aquello que no quieras realmente admitir. Elimina tales pensamientos como *"No puedo"*, *"Temo"* y *"No hay bastante"* de tu conciencia. Habla sólo de cosas que deseas ver que vivan y crezcan. Mantén tus pensamientos centrados en ideas de abundancia, suficiencia y bienestar. Y de vez en cuando estimula tu conciencia al afirmar algo como:

Dios es mi fuente de provisión instantánea, constante y abundante.

En la práctica habitual de meditación, ten presente que la Presencia divina te rodea y desea para ti solamente el bien debido a que expresas Su vida. La penetrante Verdad es que Dios te dará prosperidad y éxito en todas tus acciones si no lo haces muy difícil para Dios. La Mente Infinita pondrá ideas en tu mente, palabras en tu boca, creatividad en tus manos, oportunidad ilimitada ante ti y luz guiadora en tu camino.

Todo lo que se requiere es que te sostengas centrado en el fluir creativo, te mantengas en armonía con los pensamientos positivos, sigas obediente por tu fe, y como diría Thoreau: "Continúa moviéndote en la dirección de tus sueños".

Déjame recordarte de nuevo que este libro es un programa para la práctica y disciplina personal. Evita la tentación de abandonar su lectura. Muchísimos estudiantes leen demasiado, pero no ponen en práctica lo que leen. Nuestro objetivo es ayudarte a desarrollar una mentalidad de prosperidad que será insensible a las fluctuaciones de la economía. Más que esto, queremos llegar a ser, colectivamente, una influencia positiva hacia la estabilización de esas fluctuaciones.

CAPÍTULO 1

La verdad acerca de la substancia

La mayoría de nosotros ha crecido bajo la influencia de religiones que tratan de un Universo de muchos aspectos: Dios y el cielo arriba, la Tierra y la vida humana abajo, el infierno y Satanás bajo la Tierra. Tal vez hayamos sido liberados del último aspecto, y quizás hayamos llegado a una perspectiva "omni" del primero. Pero demasiado a menudo hemos dejado de unirlo todo. Esto es lo que la religión debiera ser. La raíz de la palabra *religión* quiere decir "vincular". Así que la palabra significa realmente unidad, identidad, igualdad.

Desafortunadamente, las religiones han sido instituciones en vez de percepciones, algo a lo cual te unes más bien que una trascendencia que experimentas. Hemos sido condicionados a creer que Dios obra exclusivamente por medio del mecanismo de un cuerpo eclesiástico. Necesitamos refrescar la visión del sermón de Pablo en el Areópago:

> "El Dios que hizo el mundo y todas las cosas que en él hay, siendo Señor del cielo y de la tierra, no habita en templos hechos por manos humanas ni es honrado por manos de hombres, como si necesitara de algo, pues él es quien da a todos vida, aliento y todas las cosas . . . aunque ciertamente no está lejos de cada uno de nosotros, porque en él vivimos, nos movemos y somos".
>
> *Hechos 17:24–25, 27–28*

Cuando piensas en Dios, tal vez sigas la tendencia subconsciente de pensar en la figura de un superhombre gigantesco —como una figura creada por Miguel Angel— con músculos prominentes y una larga barba blanca, sentado solitariamente en su ondulante trono en las nubes con toda la riqueza del Universo "en Sus manos". Quizás insistas en que no sostienes tal imagen. Tal vez no. Pero cuando oras por la ayuda de Dios en algún problema financiero, ¿pides provisión a Dios de toda Su suficiencia?

H. Emilie Cady, pionera del Nuevo Pensamiento y autora del influyente libro *Lecciones acerca de la Verdad*, presenta un discernimiento retador en el que todo buscador sincero de la Verdad debe reflexionar: "Dios no es un ser con cualidades o atributos, sino el bien mismo que se expresa como vida, amor, poder, sabiduría". Lo que esto dice es que Dios no es amoroso, sino la totalidad del amor. Dios no es sabio, sino la totalidad de la sabiduría. Dios no es un dispensador de substancia divina, sino la totalidad de la siempre presente substancia en la que vivimos, nos movemos y somos. Y esta es la clave sutil, pero muy importante sobre la cual descansa toda la estructura de la economía espiritual.

La palabra *substancia* viene del latín "substare" que quiere decir "estar debajo". Hay una substancia subyacente en todo. No nos referimos solamente a las partes componentes que integran la cosa, sino a la esencia inmaterial en el origen de ella. Hoy sabemos mucho sobre moléculas, átomos y partículas subatómicas. Mas lo que no se sabe comúnmente es que el enfoque de la investigación científica ahora se centra, no en las diminutas partículas de lo material, sino en lo que se llama "la realidad de lo inmaterial". El espacio entre ellas se considera ahora más importante que las partículas mismas. En este espacio se encuentra un campo de fuerza que sostiene las partículas en sus órbitas. Hasta se conjetura que la fuerza no sólo actúa sobre la partícula, sino que la fuerza actúa como una partícula. Desde luego, esto se aplica a nuestra relación con Dios: no solamente Dios actúa sobre nosotros, sino que *nosotros somos* la actividad de Dios expresándose como nosotros.

Hablamos de tener fe en que Dios proveerá, pero ¿qué queremos decir con esto? Trataremos sobre la fe en un

capítulo más adelante. Mas por ahora, aclaremos algo: la
fe no influye en Dios "allá fuera" para enviar riquezas que
satisfagan nuestras necesidades "acá abajo". La fe es la
capacidad espiritual con la cual podemos dar forma y
moldear este elemento básico que siempre está presente:
la substancia del Espíritu. Mike Todd una vez describió de
la manera más simple esta conciencia, al decir: "Muchas
veces no he tenido un céntimo, pero nunca he sido
pobre". Cualquier persona que comprenda esto poseerá la
llave con la cual siempre podrá demostrar prosperidad y
seguridad, no importa las condiciones que existan en el
mundo.

Jesús dijo: "En el mundo tendréis aflicción: pero . . . yo
he vencido al mundo" (Jn. 16:33). Parece que decía que
había logrado acceso al cielo lo cual le dio una dispen-
sación divina en la Tierra. ¡De ninguna manera! El daba
a entender que vivimos en dos reinos, no sucesivamente,
sino al mismo tiempo. En otras palabras, vivimos en el
mundo de tribulación, donde experimentamos salud y
enfermedad, abundancia y carencia, alegría y tristeza. Mas
al mismo tiempo, también vivimos en el Universo, el reino
de la constancia y estabilidad de una substancia básica
que subyace en toda la experiencia humana. Por lo tanto,
se puede (y se debe) decir que hay una Totalidad en toda
enfermedad, una Suficiencia en toda apariencia de carencia y el "gozo del Señor" en todo momento de tristeza.

Por consiguiente, cuando Jesús dijo: "Yo he vencido al
mundo", quiso decir que se mantenía centrado en el reino

interno de perfección. El sabía que podría experimentar menos, pero que jamás podría ser menos que un centro dinámico en un Universo total. Y lo que hace la enseñanza de Jesús tan poderosa y pertinente en los tiempos contemporáneos es Su insistencia en que todo lo que El hacía, nosotros también podemos hacer, si tenemos fe. En otras palabras, si nos mantenemos centrados en ese reino de perfección, como El hizo con tanta persistencia, nosotros también podemos experimentar dominio sobre todo lo que sucede alrededor de nosotros y a nosotros. El proceso de centrarnos es la clave para alcanzar prosperidad.

Cuando usamos la palabra *Universo*, no nos referimos solamente al vasto cosmos de galaxias allá fuera, porque todo eso es sencillamente la acumulación de un número infinito de otros mundos. No, usamos la palabra en un sentido más trascendente. La palabra *Universo*, en su sentido literal, es "el cuerpo entero de las cosas", la unidad básica de toda vida. En realidad, implicamos un pensamiento más amplio de Dios. Las palabras *Dios* y *Universo* pueden ser empleadas de manera intercambiable, refiriéndose al todo de las cosas, o a la Totalidad, que es presente en todo y a través de todo.

En el reino universal, en que vivimos y somos, la totalidad de Dios está presente en todo punto en el espacio a la vez. Este es un concepto fantástico. Lee esas palabras de nuevo: *la totalidad de Dios está presente en todo punto en el espacio a la vez.* Saca tiempo para meditar en esa gran idea. En otras palabras, Dios no va y viene. Dios no mueve caprichosamente la substancia de Su provisión "allá arriba" para satisfacer tu necesidad "acá abajo". Ni la contestación de Dios aparece en alguna forma peculiar. Dios está presente siempre, presente totalmente, como una Presencia. Puedes orar por curación, pero la Verdad es: la totalidad de la vida de Dios está presente como Presencia sanadora. Cuando sabes esto, comienzas a comprender de qué trata la curación espiritual. Puedes orar por un aumento de prosperidad, pero toda la substancia espiritual está presente como Presencia que prospera. Comprende esto y estás en vías de lograr prosperidad. Tal vez este concepto te rete a volver a pensar sobre toda la práctica de la oración y apreciar la simple lógica del Salmista que dijo: "Estad quietos y conoced que yo soy Dios" (Sal. 46:10).

Ten la seguridad de captar la implicación de esta gran Verdad en cuanto a Dios como substancia: toda la substancia de Dios está presente en su totalidad en todo punto del espacio a la vez. No solamente *alguna parte de*, sino *toda* la substancia en el Universo está presente en cualquier punto de la necesidad humana. Alguien ha dicho: "No hay sitio donde Dios no esté". No hay lugar en la Tierra donde haya ausencia de substancia.

Ahora bien, aunque no hay limitación, puede haber una conciencia de limitación. Por lo tanto, puede haber muchos lugares en el mundo donde hay pobreza e incontables víctimas de la privación. Sin embargo, la Verdad es que, a pesar de la apariencia de gran carencia, en todo ambiente, en toda vida humana, "hay una energía infinita y eterna de la cual todas las cosas proceden". A veces, quizá estés lejos de saber eso. Como Mike Todd, podrías hasta no tener un céntimo. Pero la Totalidad de la substancia está presente donde estás, por consiguiente, no debes ser pobre.

No hay lugar en todo el Universo donde la substancia esté más presente o menos presente que ahí mismo donde estás. ¿Podría haber en la Tierra un punto donde la gravedad tenga más fuerza o menos fuerza que en el lugar donde estás? Y, además, aunque puedes juntar y guardar riquezas materiales, no hay modo de acumular substancia. Por contraste con esto, podrías perder todos tus bienes en una crisis financiera, mas nunca carecer de substancia. La conciencia de este principio estableció la diferencia en la crisis económica de 1929 entre aquellos que se restablecieron y siguieron adelante, y aquellos que se lanzaron por las ventanas. Una persona que se mantiene consciente de que el fluir divino se centra siempre dentro de sí, tiene fe en que la substancia ilimitada encontrará expresión a través de él o ella en forma de ideas creativas, ingeniosidad, la voluntad de trabajar y la seguridad de oportunidades de empleo. Podría decirse que cuando te das cuenta de tu relación con el Universo dinámico, estás siempre en un campo donde puedes perforar en busca de petróleo y dar con un pozo surtido de petróleo en todo momento.

En el inmortal Sermón de la Montaña, Jesús dijo:

"No os hagáis tesoros en la tierra, donde la polilla y el moho destruyen, y donde ladrones entran y hurtan; sino haceos tesoros en el cielo, donde ni la polilla ni el moho destruyen, y donde ladrones no entran ni hurtan, porque donde esté vuestro tesoro, allí estará también vuestro corazón".

Mateo 6:19–21

El hablaba sobre el enfoque de nuestra conciencia, no solamente lo que hacemos, sino lo que pensamos y sentimos, cómo visualizamos nuestra relación con las cosas. Muchas son las angustias de la persona que basa toda su seguridad en las cosas del mundo. La inflación, las recesiones y los altos costos están entre la mucha polilla y moho que consumen y los ladrones que entran y roban. Tranquila y segura es la persona cuyo tesoro verdadero es siempre la afluencia de la substancia de Dios. Esa persona siempre se siente rica no importa las fluctuaciones del mercado o lo que muestra la hoja de balance. Y lo mejor es que ese sentimiento la impulsará siempre a tomar decisiones correctas y sabias en la administración de sus asuntos. La mente prospera con ideas creativas, las manos hormiguean de ingeniosidad, las oportunidades se desarrollan y las bendiciones abundan —todo debido al sentimiento de abundancia que vino primero.

Establece en tu conciencia que vives en la substancia como un pez vive en el agua. La substancia es básicamente tu ambiente. ¿Pueden los peces del mar carecer de agua? ¿Puedes tú, al tener tu ser en el mar de la substancia de Dios, carecer realmente de creatividad suficiente o ideas o dinero u oportunidades en cualquier momento de necesidad? Lo importante es sostener la conciencia de que eres creado en la substancia, formado de substancia y apoyado incesantemente por la substancia. Parafraseando a Emerson, el libre fluir de substancia en tu vida es la continuación del esfuerzo divino que te hizo en primer lugar.

Puedes pensar que cuando tienes un problema financiero, parece perfectamente natural ir al mundo para reunir dinero. Desde luego, cuando hay cuentas que pagar y necesidades que satisfacer, tenemos que hacer algo. Como dicen los cuáqueros: "Cuando ores, ponte en acción". Haz lo que puedes con lo que tienes. Sé un poco más diligente en tu empleo, o en tu esfuerzo por conseguir trabajo. Hazle saber a tu jefe tus necesidades o a otras agencias que selecciones, según seas guiado (y si eres guiado) a hacerlo. Desde luego, "Dios ayuda a aquellos que se ayudan a sí". Sin embargo, hay una Verdad mayor: Dios no puede hacer más *por* ti de lo que Dios puede hacer *a través de* ti. Toda la ayuda de Dios no puede ayudarte a menos que ella fluya a través de tu conciencia, por medio de tu fe, por medio de tu visión. Así, antes de tratar de reunir dinero, el primer paso debe ser levantar tu conciencia, saber que "el lugar en que tú estás, tierra santa es" (Ex. 3:5).

Es importante recordar que no es verdaderamente por carencia de abundancia que tienes pobreza, sino porque te falta la conciencia de la realidad de la substancia divina, siempre presente, y la fe para manifestarla.

Rechaza la apariencia de carencia y acude a la realidad de la afluencia al declarar para ti mismo algo como esto: *Me establezco en la ilimitada substancia de Dios, y tengo abundancia.*

Esta declaración es un profundo discernimiento. Pero recuerda, esas palabras no se vuelven palabras verdaderas porque las afirmas. Esta es la confusión común sobre la práctica de la oración afirmativa: si hablas repetidamente palabras de la Verdad, las grabas en la fase subconsciente de la mente y, por consiguiente, se vuelven verdaderas para ti. No se vuelven verdaderas porque las afirmas. Las afirmas porque son verdaderas. Sincronizas tu conciencia con la realidad de la Verdad, creando un medio a través del cual el fluir místico puede hacer su obra poderosa a través de ti.

Lo maravilloso de la substancia omnipresente es que es tan abundante que nadie tiene que tener menos para que tú puedas tener más. En el mundo de los negocios, puede haber una loca arrebatiña para obtener las cosas muy deseables del mundo. Tenemos la tendencia de envolvernos en la idea de competencia en la lucha por tratar de aventajarnos a otra gente mientras tememos que ella se aventaje a nosotros. Pero en el reino espiritual, no puede haber competencia, ni la necesidad de ella. La gente tiene sus fuentes confidenciales del bien universal, y si es sincera con sí misma y se mantiene centrada en la conciencia de Dios, lo suyo indudablemente llegará sin tensión o lucha. Cuando respiras todo el aire necesario, nunca puedes privar a nadie de todo el aire que debe respirar. Hay siempre más que suficiente para todos porque toda la substancia está presente en su totalidad en todos los lugares. Por tanto, si intuyes que otra persona lucha por adelantarse a ti, pon cuidado en no bajarte a la vibración de temor de esa persona. Afirma para él o ella: *Te bendigo con la conciencia de que eres uno con tu propio fluir personal del Universo en el cual hay abundancia legítima y verdadera para toda criatura viviente.*

En la Verdad sobre la substancia, es imperativo que toda persona comprenda el concepto de *derecho*. Jesús hizo hincapié en esto cuando dijo con énfasis: "Venid, benditos de mi Padre, heredad el reino preparado para vosotros desde la fundación del mundo" (Mt. 25:34). Tienes derecho al reino; lo has heredado; es tuyo. La fundación del mundo es el reino fundamental de la ley espiritual del Universo en que vives. El reino es aquello en ti que es tu propia entrada la cual puede volverse una salida para todo lo que hay en Dios. Reclama tu herencia de abundancia. Tienes derecho a la ayuda de la substancia de Dios en todo a lo que das tu mente o tus manos. Deja ir la vieja creencia en la "gracia" de la pobreza y el sentido subconsciente de culpa en tener cosas, junto con sentimientos de desestimación —actitudes que tienen una influencia tan perjudicial en la conciencia humana. Reclama tu derecho. *Soy un hijo (o una hija) del Universo, dotado abundantemente con la plenitud de todo el bien de Dios.* ¡Un hijo o una hija, del Universo! ¿Puedes fijar eso en tu conciencia? No solamente un vástago de tus padres, o un producto de los tiempos, sino un hijo del Universo. Eres una expresión del fluir infinito y creativo, con derecho a un apoyo tan constante como reciben los lirios del campo.

Es que la base del derecho es la sorprendente afirmación: ¡Tú mereces todo del Universo! Sí, decimos *mereces todo*. Observa: no decimos que mereces todo de parte del *mundo*. En realidad, el mundo no te debe nada. Tú eres una expresión creativa del Universo, con la responsabilidad de dejar tu luz brillar. Por tanto, debes al mundo una vida. Pero en todas las maneras en que te das al mundo, el Universo te apoya completamente.

La confusión de nuestro sistema de bienestar social viene del ideal democrático de que el mundo debe a toda persona una oportunidad para tener una vida segura. Cuando esto no se comprende, cuán fácil es ocasionar el "estado de asistencia y seguridad social" de dependencia total en el gobierno. Ahora bien, ciertamente, por amor y compasión, una sociedad civilizada puede querer asegurar que toda persona tenga una subsistencia, lo que es bueno. Pero en el mundo, nadie debe tener "derecho" al apoyo. Cada uno de nosotros es una expresión individualizada del proceso creador, no importa cómo las circunstancias hayan oscurecido la realidad. La gran necesidad es ayudarnos a saber esto para nosotros mismos, reclamar nuestro propio"derecho" desde nuestro interior. Cuando las personas que viven en pobreza comiencen a saber realmente que ellas son un centro dentro de un Universo afluente, luego como motivación personal, ingeniosidad, guía y el desarrollo de oportunidades, todo el Universo pronto se precipitará, fluirá y se verterá en ellas de todos lados.

La Verdad gloriosa es que eres una persona muy especial, y siempre tienes algo especial que obra en ti y fluye a través de ti. Todo el Universo está de tu parte. La vida siempre está a favor de la curación, superación y éxito. Cuando estás centrado en el fluir universal, te sincronizas con esa predisposición divina para el bien. Cosas asombrosas pueden ser reveladas, y se revelarán. Algunos las llamarán milagros, pero tú las aceptarás como la función perfectamente natural del proceso divino.

En el Antiguo Testamento hay una historia que simboliza hermosamente ese proceso, la angustiada viuda que fue al profeta Eliseo (2 Reyes 4:1–7). Ella había quedado en la miseria con la muerte de su esposo. Sus acreedores la acosaban y ella iba a perder el derecho a sus dos hijos, de acuerdo con la ley talmúdica, por su deuda. Ella clamó a Eliseo, y en efecto dijo: "Mi marido ha muerto . . . y ha venido el acreedor para tomarse dos hijos míos por siervos". Eliseo dijo: "Declárame qué tienes en casa". Ella contestó: "Tu sierva ninguna cosa tiene en casa, sino una vasija de aceite". ¿Comprendes? Lo que él le preguntaba era: "¿Dónde está tu conciencia? ¿En qué

piensas? ¿Con qué te identificas?" Su respuesta indicaba
que, a pesar de tener una vasija de aceite, ella estaba centrada en la conciencia de pobreza. El temor la poseía y, por
tanto, se había separado del fluir divino. Ella tenía una
vasija de aceite, pero para ella, era *solamente* una vasija.
Esta era evidencia de substancia, pero para ella, era un
símbolo de carencia. El problema muy común de "solamente" la atormentaba.

¿Cuánto dinero ganas en tu empleo? ¿Cuál es tu ganancia neta? En la mayoría de los casos, contestarías: "Sólo
gano. . .", "Mi ganancia neta es sólo. . .". ¿Por qué "sólo"?
En otras palabras, a pesar de lo que tienes, tus pensamientos se centran sutilmente en lo que no tienes, con
el temor subconsciente de no tener suficiente. Se dice que
Jesús siguió adelante sin dinero o cartera. El nada tenía en
términos de posesiones, pero tenía fe. Estaba consciente
de la totalidad de la omnipresente substancia de Dios dondequiera que El pudiera estar. Puede que no sea necesario
para ti seguir adelante sin dinero en tu bolsillo o en el
banco. Y en nuestros tiempos hacer eso sería poco aconsejable. Pero sí necesitas caminar y trabajar en el mismo
nivel de conciencia que Jesús expresó, con el mismo sentimiento de afluencia, en la misma armonía con el fluir
creativo. No importa lo que tengas en tu casa, no lo identifiques con "sólo". Deja que lo que tengas en tu empleo,
tus posesiones y recursos sea el símbolo de la presencia de
la substancia ilimitada. Hasta el punto de poder hacer

eso, el empleo prosperará y los bienes aumentarán. Jesús lo dijo muy simplemente: "Buscad primeramente el reino de Dios y su justicia, y todas estas cosas os serán añadidas" (Mt. 6:33).

Ahora bien, Eliseo dio instrucciones a la viuda a que fuera a sus vecinos y pidiera prestado vasijas adicionales. Esto sugiere la necesidad de ampliar la mente para incluir nueva fe y visión, de probar nuevos discernimientos a ver si le convenían. Ella pidió prestado vasijas adicionales, lo cual quiso decir que amplió su horizonte de expectaciones. Vertió el aceite de su única vasija a las nuevas vasijas, y el aceite fluyó libremente hasta llenar la última vasija. Cuando no hubo más vasijas, el aceite cesó. En otras palabras, ella pudo lograr tanto como podía imaginar y creer.

Pablo dice: "Mi Dios, pues, suplirá todo lo que os falta conforme a sus riquezas" (Flp. 4:19). Dios es un fluir incesante de substancia, y no importa el grado de necesidad, la substancia universal puede proveer fácilmente para satisfacerla. Mas hay una cosa que Dios no puede hacer. Dios no provee carencia. La razón de esto es que la carencia es un estado mental, y la condición no puede ser corregida hasta que el estado mental cambie. Para la viuda la única vasija que poseía era su carencia, debido a su sentimiento de "sólo". Sin embargo, cuando ella amplió su fe al proveer vasijas adicionales, la carencia se volvió una necesidad legítima que fue satisfecha instantánea y abundantemente.

Si tienes un problema financiero, acaso gran necesidad de mayor prosperidad, "¿qué tienes en tu casa?" ¿Dónde está tu conciencia? Pide prestado vasijas adicionales, lo cual significa: levanta tu conciencia, ensancha el horizonte de tu fe. Identifícate con la idea de tener derecho al apoyo del Universo sin límites ni fronteras. Cree esto realmente. Podría ser que debido al estudio cuidadoso de las ideas que este libro ofrece, "añades vasijas" eficazmente y amplías la visión de tu derecho a la substancia de Dios.

Mas recuerda, no tienes que _obtener_ más substancia, porque toda la substancia del Universo está presente ahí mismo donde estás. Quizás sea muy humano querer establecer un objetivo para ti durante el estudio de este libro para adquirir ciertas sumas de dinero o un empleo mejor o un nuevo apartamento o casa. Pero, veamos, desde el punto de vista de substancia (lo que está subyacente), toda ella está presente ahora mismo. Hablamos sobre el fluir creativo, las nuevas ideas, el poder espiritual interno por medio del cual puedes hacer todo lo que deseas o debes hacer. Vigila tus prioridades espirituales. La meta no debe ser hacer dinero o adquirir cosas, sino lograr la conciencia por la cual la substancia fluirá cuando la necesites y según la necesites.

En este libro trataremos de las muchas facetas de la "gema" de prosperidad, pero más vale que sepas al principio que _hay una sola manera por la cual puedes lograr prosperidad_: hacerte cargo de tu mente. Tal vez busques alguna fórmula mágica, algún nuevo cliché metafísico que cambie las cosas. Mas si deseas cambiar tu vida, tendrás que cambiar tus pensamientos. Toda la substancia infinita está presente donde estás, mas tendrás que llevar ese conocimiento a tu conciencia con disciplina y compromiso. Por tanto, si te encuentras respondiendo a la pregunta de la vida, "¿qué tienes en tu casa?" con una plétora de "solamentes", interrumpe ese fluir de negatividad y afirma:

Soy una expresión dotada abundantemente por un Universo opulento. Hay siempre suficiencia para hacer las cosas que deseo y necesito hacer.

En su obra clásica *Lecciones acerca de la Verdad*, H. Emilie Cady dice:

Una de las Verdades infalibles en el Universo es que ya se ha provisto profusa abundancia para todo deseo humano. En otras palabras, la provisión de todo bien siempre espera la demanda. Otra Verdad es que la demanda debe ser hecha antes de que la provisión pueda manifestarse para llenarla.

En otras palabras, debemos proveer las vasijas en las que el aceite pueda ser aumentado. Debe haber una necesidad antes de que podamos atraer una contestación. Y Jesús indicó que debemos pedir antes de poder recibir. Esto desde luego no sugiere que debemos comenzar a rogar al cielo para que conceda ayuda. El cristianismo tradicional ha considerado el pedir a Dios como súplica a un Dios caprichoso y esto ha sido un punto de mucha confusión. Es interesante que la palabra _pedir_ como Jesús la emplea viene de la raíz griega que implica firmemente "reclamar o demandar".

Pides agua a la llave del agua al dar vuelta al grifo. Pides luz a la lámpara al prender la luz. Pides gravedad para sostenerte en tu asiento al sentarte erguido y equilibrado. Jesús dijo: "A vuestro Padre le ha placido daros el Reino" (Lc. 12:32). Esto desde luego no parece como si Jesús esperara que nos ocupáramos en súplicas especiales. El aun dijo: "Vuestro Padre sabe de qué cosas tenéis necesidad antes que vosotros le pidáis" (Mt. 6:8). Luego, ¿por qué necesitamos pedir del todo? Es obvio que, para Dios, el pedir fue simplemente una reclamación de derecho, una receptividad de conciencia. Es crear la condición mental que hace que el resultado sea inevitable.

En los capítulos siguientes, abordaremos muchas maneras en las que podemos "pedir" a Dios provisión, al crear la conciencia por la cual la ilimitada substancia universal pueda fluir. Esto nos trae a la memoria la sabiduría de Lao-tse quien, hace 2,500 años, probó que no hay nada nuevo en el Nuevo Pensamiento:

El espíritu humano tiene su origen en la fuente divina a la cual se debe permitir fluir libremente a través del hombre. Todo el que fluye como la vida fluye, ha resuelto el enigma de la existencia humana y no necesita otro poder. El mal es todo lo que impide el fluir de la acción creativa, y todo lo que es saludable (próspero) fluye con el Universo.

El hermano Lorenzo, monje místico laico de la Edad Media, acuñó la frase iluminadora: "La práctica de la presencia de Dios". A menudo creemos erróneamente que eso es un acto sombrío de devoción religiosa. En el contexto de la experiencia del hermano Lorenzo de trabajar para Dios mientras fregaba ollas en la cocina del monasterio, no parece querer decir tener destellos de discernimiento místico, o aun pasar largos tiempos en meditación. Se dice de doctores que "practican la medicina". Esto, desde luego, no sugiere que ellos tengan una experiencia emocional. Esto es meramente una descripción de cómo ellos se ganan la vida.

Practicar la presencia de Dios no quiere decir entusiasmarte con algún espíritu misterioso de Dios que va y viene. La Presencia de Dios es aquello de Dios que está *presente* —completa e incesantemente presente. Nunca cambia. No va y viene. ¡Está presente! Tú puedes cambiar, y como el Hijo Pródigo, puedes ir y venir. Pero como Meister Eckhart dice: "Estás en el país lejano, el Padre está en casa". Por tanto, la práctica de la Presencia significa recordar continuamente la actividad de Dios que siempre trabaja en ti, así como el estudiante de matemática debe recordar continuamente los principios de matemática.

Haz un compromiso profundamente arraigado de que

practicarás la Presencia de la substancia de Dios y recordarás siempre estar en la Presencia de una substancia infinita y eterna de la cual todas las cosas proceden. Resuelve que vivirás, pensarás y trabajarás como si creyeras realmente que todo el Universo de creatividad y substancia estuvieran presentes en todo proyecto de tu trabajo y toda transacción de tus inversiones como el recurso que nunca te falla.

Practica la presencia de la substancia de Dios con diligencia y persistencia, y empezarás a lograr prosperidad.

CAPÍTULO 2

La suerte comienza contigo

El estudio de lo que llamamos "El nuevo discernimiento en la Verdad" es para muchas personas una experiencia interesante en extremo, pero ella no empieza a tener mucho sentido o a capacitarte a hacer cambios en la vida hasta que aceptes la ley de conciencia.

Puede ser que uno de los grandes momentos en la larga evolución del hombre en el planeta Tierra fue cuando un hombre primitivo por primera vez tuvo la idea de poder ser libre, de poder ejercer algún dominio sobre su destino. Con esto no pretendió, ni creyó pretender, poder controlar los elementos o las bestias gigantes que vagaban por su mundo. Sin embargo, con esto pretendió hacerse cargo de su vida y hacer cosas de su propia voluntad que determinarían la influencia de las condiciones externas y de los animales sobre su vida. Fue uno de los grandes momentos en la historia humana.

Y es un momento importante en tu vida cuando descubres para ti la gran Verdad de que las cosas pueden suceder a tu alrededor y pueden sucederte a ti, pero las únicas cosas que son realmente importantes son las que suceden en ti. Puedes tener poco control de los elementos, o de la fluctuación de la bolsa de valores, o de la conducta impredecible de la gente. Sin embargo, vives en el mundo de tu conciencia, que es la suma total de los pensamientos de tu mente. Y tú puedes dominar lo que ocurre en tu mente. Esto no quiere decir que es fácil hacerlo, sino quiere decir que es posible hacerlo. Hay una gran idea que encontrarás una y otra vez en tu búsqueda: eres un imán viviente que atrae constantemente las cosas, la gente y las circunstancias que están de acuerdo con tus pensamientos. En otras palabras, estás donde estás en experiencia, relaciones y aun en condiciones financieras por lo que eres, esto es, donde estás en conciencia. Ahora bien, esta no es una enseñanza fácil. Tal vez quieras rechazarla y poner este libro a un lado. Cuando Jesús empezó a exponer las duras leyes de Sus enseñanzas, la Biblia dice: "Desde entonces muchos de sus discípulos volvieron atrás y ya no andaban con él" (Jn. 6:66). Y así siempre ha sucedido. Sin embargo, si estás dispuesto a aceptar la completa responsabilidad de tu vida, luego, al igual que tu nivel de pensamiento te ha puesto donde estás (o por lo menos ha contribuido a ello), por tanto, con un cambio de conciencia, puedes cambiar las experiencias de tu vida. Parece que esto no se aplica en el caso de la economía de la nación y su influencia en tu prosperidad personal. Desde luego hay vastas diferencias de opinión entre los economistas del mundo. Sin embargo, podemos estar seguros de una cosa: por razón de la ley de secuencia y consecuencia, todo ciclo tenía que empezar en algún lugar. Es probable que alguien o algún grupo de personas expuso una creencia muy convincente que se extendió como fuego por todo el país, ocasionando una influencia perceptible en la compra del consumidor, el mercado de empleos, la espiral inflacionaria y el funcionamiento de la bolsa de valores. Un asunto en el que los economistas están de acuerdo es que las condiciones de los negocios siempre tienden a reflejar el nivel de confianza de la gente.

En un nivel más personal, tu propia prosperidad o carencia de ella reflejará también el nivel de tu pensamiento. No hay que darle vueltas a esto: tu suerte (buena o mala) empieza contigo. Las crisis financieras, aun las recesiones o depresiones, en la medida en que afectan tus recursos o tu cuenta bancaria o estabilidad en el empleo, comienzan con tus reacciones de fe o temor. No causas las condiciones económicas, aunque todos compartimos en la conciencia cumulativa que es la causa; mas si les das realidad con tus pensamientos o conversaciones negativos acerca de ellas, te sincronizas con un fluir de energía que tiene una influencia rápida en tu vida como la luz que baña una habitación cuando enciendes la luz. No haces la luz, pero en un sentido muy real, ella se vuelve verdadera en tu experiencia a causa de tu acto de encenderla. Alguien podría decir: "Tienes suerte de tener luz en tu habitación". Pero la suerte empieza contigo.

El bienestar personal comienza con tu conciencia. No es lo que sucede en Wall Street. No es el "estado de la economía". Tu bienestar personal tiene su principio en tu estado mental. Puedes ser próspero cuando el negocio va mal y puedes experimentar dificultades financieras aun cuando el negocio florece.

Considera, si quieres, la responsabilidad que tienes hacia las condiciones en conjunto. Porque lo que sucede en tu mente y se refleja en tus asuntos tendrá una influencia definida, aunque minúscula, en los negocios del país. No hay salida: estás siempre a favor del problema, o estás a favor de la solución. "Decidan hoy a quién van a servir" (Jos. 24:15).

Sin embargo, con respecto a tu prosperidad, es simplemente una cuestión de sumar o restar. Por tu pensamiento, o añades a tu bien, o le restas. La ley es inexorable. El fracaso o la carencia en tu vida es sencillamente el resultado de limitarte continuamente. A la inversa, el éxito y la prosperidad son los resultados de ampliar constantemente tus horizontes. Es sabio hacer un inventario de vez en cuando. ¿Le restas o le sumas a tu vida? Es así de sencillo. Tus pensamientos negativos de temor y preocupación disminuyen tu bien con mayor rapidez que la inflación merma el valor del dólar. Y tus pensamientos positivos y optimistas añaden a tu bien de manera más espectacular que el interés compuesto aumenta tus ahorros bancarios.

Jesús declaró esta Verdad en una afirmación que ha sido discutible en extremo. El dijo: "Porque al que tiene, le será dado y tendrá más; y al que no tiene, aun lo que tiene le será quitado" (Mt. 25:29). Para muchas personas, esto parece decir que el rico se vuelve más rico y el pobre se vuelve más pobre, que desde luego parecería ser una gran injusticia. En realidad, la declaración de Jesús expone en lenguaje simbólico el tipo de ley ordenada sobre la cual el Universo entero es edificado.

¿Recuerdas ese pequeño pedazo de acero pintado de rojo en forma de herradura con el cual jugábamos cuando éramos niños? Lo usábamos para levantar objetos metálicos y encontrar cosas en la arena. Un imán atrae y sujeta limaduras de hierro. Pero si tomas un pedazo de acero desmagnetizado, aunque tenga la forma de herradura y esté pintado de rojo, no solamente no atrae limaduras, sino aun cuando amontones algunas limaduras sobre el acero, ellas se caerán con el primer empellón. Esto no es favoritismo o suerte. Es ley universal básica. Por lo tanto, en el mismo sentido atraes constantemente a ti las condiciones que haces inevitable por la calidad de tus pensamientos.

En la enseñanza de la Verdad, se da mucha importancia

a "hacer demostraciones". El estudiante acaso diga "Trato
de demostrar esto. . . " o "Trabajo para demostrar un nuevo
empleo. . . " Es un término que la *oración científica* emplea, el concepto de que si estás convencido de tener
ciertas cosas en tu conciencia, vas a darles forma en lo externo o a manifestarlas en tu experiencia. La oración contestada, luego, es una "demostración". En la ciencia de la
oración, nada es incurable o nadie está desahuciado; todas las cosas son posibles. Es una realización tremendamente importante. Sin embargo, en las mentes de muchos
estudiantes, es cuestión de hacer que la ley divina sea
eficaz. No puedes hacer que la ley sea eficaz. La ley es un
proceso inexorable. Siempre estás en el ambiente activo de
la ley, como, por ejemplo, siempre estás bajo la influencia
de la gravedad. Sería absurdo decir: "Voy a hacer una
demostración de la gravedad". El hecho es que la gravedad es una constante. Quizás te desvíes de la conciencia del proceso y hagas algo poco aconsejable que regre-
sará a ti como un problema. Si es así, la necesidad es
simplemente dejar de hacerlo y sincronizarte una vez
más con la vibración de la gravedad. Así es con la
demostración de la ley divina. No es algo que haces a
Dios, o aun algo que Dios hace especialmente para ti. Es
sencillamente un cambio de tu conciencia en el que te sincronizas con la actividad incesante del amor divino, la
vida sanadora, o la substancia próspera.

En la enseñanza metafísica de prosperidad, la idea de
demostración, a menudo es presentada, desafortunada-

mente, en términos de magia y milagros. Oímos frases como "la magia de la demostración" y el "milagro de la oración contestada". Hay la sugerencia de alquimia, convertir cosas en otras cosas, o producir algo "ex nihilo", de la nada. Tal vez recuerdes la historia de Jesús en el desierto, cuando fue tentado por el diablo a convertir piedras en pan, o a cambiar la conciencia espiritual en poder mundano. No pases por alto el significado aquí al imaginar que un tentador fuera de Jesús Le tentaba. El diablo es la influencia satánica de la conciencia humana, que Le incitaba a tratar de encontrar atajos a la fortuna personal. Jesús se mantuvo firme en la realización de su ser y el dominio de sí mismo al decir: "Vete, Satanás" (Mt. 4:10).

La Verdad importante es que eres un ser espiritual con la Perfección de la Mente Infinita. En toda necesidad que puedas tener, la contestación no es hacer que Dios te dé más por medio de alguna artimaña divina, sino más bien descubrir y liberar tu propio "esplendor encerrado". Evita la tentación de tratar de "activar la ley" y así materializar el proceso. Quita de tu mente la idea de hacer una demostración *en* la vida. Centra tu conciencia en un sentido más profundo de la vida, y la demostración empezará a hacerse una realidad para ti.

Entusiastas bien intencionados del Nuevo Pensamiento a menudo repiten el engañoso cliché: "¡Espera un milagro!" Se supone que esta expresión aliente a uno a esperar más de la vida, lo cual es bueno. Sin embargo, esto es caminar directamente a una trampa. Por lo tanto, contra la naturaleza de la mayoría de las enseñanzas y maestros de la Verdad más contemporáneos, digo: *"¡No esperes un milagro!"* Si centras tu conciencia en la expectación de milagros, juegas con la ley universal y tienes la esperanza de alguna abrogación mágica de su actividad inexorable. Pones todo el peso de tu conciencia a favor de la creencia en un Universo de caprichos. Esto indica ingenuidad espiritual, que diluye todo lo que hayas podido edificar en la conciencia de la inmutabilidad de la ley divina.

Esto, desde luego, no expresa escepticismo del poder tremendo para sanar o prosperar, ni de ningún modo pone en duda todas las implicaciones de la declaración: "Todas las cosas son posibles". Cuando tratamos con la ley incambiable, tenemos aun mayor fe en el proceso, mas no tenemos que manipular la ley. Cuando el aceite de la viuda aumentó, no fue por intervención divina en los asuntos humanos, sino por la utilización de la ley divina en un nivel más alto de conciencia. Desde luego, todas las cosas son posibles, no porque Dios hace una excepción para ti a causa de tu ruego, sino porque tu fe es la llave del reino del poder en ti para aplicar las leyes que trascienden la limitación humana.

De nuevo decimos: ¡no esperes un milagro! No reduzcas la práctica de la Verdad al esfuerzo ingenuo de halagar a un Dios reservado para que haga un espectáculo de magia. Si crees realmente que "tienes derecho" a la plenitud del reino, la manifestación resultante tal vez *parezca* ser milagrosa, porque cosas maravillosas pueden suceder y, de hecho, sucederán, pero es el cumplimiento natural de la ley divina. La curación que anhelas, la superación que deseas, la prosperidad y el éxito por los cuales has estado orando tan persistentemente —aunque creas que hay que vencer dificultades fantásticas— estas cosas no requieren milagros, sino la aplicación disciplinada de la ley divina y el firme esfuerzo de conocer a Dios.

El gran ideal de la búsqueda espiritual es estar "a tono con el Infinito". Comerciar en tales pensamientos como "Sólo un milagro puede salvarle" y "Es imposible, pero espero un milagro", es estar a tono con lo indefinido. Piensa en esto. Establécelo claramente en la conciencia. No hay milagros en un Universo ordenado. Todas las cosas son posibles bajo la ley divina.

Una de las actitudes más restrictivas de toda la raza humana es la creencia en la fortuna o suerte. De vez en cuando se dice: "He tenido suerte; mi oración fue contestada". Sin embargo, Dios no comercia en la suerte. Como Emerson dice: "Los dados de Dios están siempre cargados". La creencia en la suerte deja fuera la verdadera fe y adormece toda verdadera iniciativa. Y, sin embargo, tanta gente cree que la prosperidad y el éxito son simplemente los resultados de la buena suerte y que los reveses financieros, el desempleo, hasta las enfermedades son "desventuras" o mala suerte. Esta es la excusa más vigorosa para todas las dificultades humanas. Ella tranquiliza la conciencia y presenta a la persona como una víctima inocente de una fuerza desconocida y siniestra. Decimos, en una declaración casi gazmoñera en defensa propia: "No pude hacer nada sobre eso; simplemente no tuve suerte".

A menudo, en esta conciencia de inmadurez espiritual, una persona puede recurrir a la "rueda de la fortuna" como una manera de hacerse rica. Puede tener una necesidad financiera urgente y pensar que va a hacer su demostración al escoger el número ganador en la lotería. La religión tradicional a menudo ha confundido la cuestión al predicar sobre el pecado de jugar. No hay nada inmoral en los juegos de azar. Si una persona tiene los medios y desea divertirse al seleccionar caballos, o jugar a la ruleta, entonces deja que esa persona se divierta en una clara conciencia. Sin embargo, esto puede volverse una fuente de limitación espiritual si el jugador no gasta los fondos disponibles para divertirse, sino que trata desesperadamente de ganarse una fortuna. Esto es una trampa engañosa, porque en un Universo ordenado, sencillamente no hay manera en que uno pueda obtener algo por nada. Bajo la ley divina, recibes según has dado, ni más ni menos. Si sientes que has estado pasando apuros, no sucumbas a la tentación de tratar de ganar mucho dinero en algún juego de azar. La suerte empieza contigo, no con el rodar de dados, o con el número ganador, o con cualquier clase de racha de suerte. Hay sólo una manera de poder "cambiar tu suerte" y lo haces al cambiar tus pensamientos. Qué inadvertida y seguramente corrompemos los ideales de los niños cuando por precepto y ejemplo les enseñamos que la vida ha de encontrarse y experimentarse "allá fuera" en el mundo. De este modo, cuando ellos llegan a la edad de ser responsables, les instamos a salir al mundo a "tener éxito". Son introducidos progresivamente a la idea de aprovecharse de las oportunidades, de esperar que el éxito les llegue en un gran golpe de fortuna. Y establecen para ellos mismos un verdadero terreno minado de trampas, de modo que las frustraciones en sus carreras, las suspensiones de empleo, o los fracasos en inversiones son todos resultados de la "mala suerte". ¡Qué bendecidos son los niños cuando en los primeros años de sus vidas se les enseña que la suerte empieza con ellos! Ellos llegarán a ser adultos con madurez espiritual y tendrán la confianza de tener la potencialidad en sí para activar el proceso fundamental que hará que todas las cosas en el mundo trabajen para su bien. Sabrán que su suerte no es algo que se encuentra, sino que se desenvuelve.

Al contrario de las creencias religiosas sofisticadas, y a pesar de ellas, la filosofía viviente de la persona promedio se centra en un punto entre la creencia en la inevitabilidad del destino, y la suerte, con el esfuerzo sutil de cambiar esa suerte en todo modo concebible. Un agricultor tal vez ponga una herradura sobre la puerta del granero. Quizás uno lleve un amuleto especial en la cartera. Entre la gente más supersticiosa, está la gente religiosa, aunque ella justifica las prácticas como parte de su enseñanza religiosa. Llámalos lo que quieras, todos los pequeños amuletos, medallones y figurillas que la gente se pone o lleva o cuelga en los quiciales de puertas o en los tableros, se hacen esencialmente para la buena suerte. Constituyen una tentativa de cambiar lo que Voltaire llama "la concatenación de sucesos". Sin embargo, la vida no es un juego de azar. El capricho no influye en tu suerte. Esta es determinada por el estado de tu conciencia. En *Julio César*, Shakespeare pone en boca de Casio la declaración significativa: "Las estrellas, querido Bruto, no tienen la culpa, sino nosotros, que somos inferiores".

Es siempre triste oír a alguien insistir en que algún lance irónico del destino ha arruinado su vida. Un hombre fue despedido de su empleo. El resultado es que él raya en un colapso mental completo. Dice: "Mi vida ha terminado. Es el fin de todo". Habla de la buena suerte que tuvo al conseguir ese empleo muchos años antes. Se pregunta cómo su despedida ahora pudo cambiar completamente el "golpe de buena fortuna que me estableció en mi profesión". El problema es realmente bastante obvio: él ha establecido toda su profesión sobre la plataforma endeble de la suerte. Una y otra vez ha repetido las palabras: "Qué suerte tuve en conseguir ese empleo". En un sentido muy real, a través de todos los años él ha estado trabajando bajo una "espada de Damocles". Porque si vives en la creencia de la buena suerte como la llave del éxito, luego el otro lado de la moneda es que la mala suerte puede frustrar tu progreso. Simplemente no puedes tener una sin la otra. El hombre se había puesto una trampa, y así su mala suerte, también, empezó con él.

Las condiciones cambiantes, desde luego, pueden influir en tu prosperidad, éxito y buena suerte, pero aun así esto depende de cómo las enfrentes. Sin embargo, tu bien siempre está arraigado profundamente en lo que Jesús llamó "el reino de Dios en ti". Y cuando dijo: "A vuestro Padre le ha placido daros el reino" (Lc. 12:32), dijo que tu suerte es la posibilidad de vida ilimitada aún por nacer, y tu privilegio es dar cabida a esa vida. Como Walt Whitman canta: "De aquí en adelante no pido buena suerte. Yo mismo soy buena suerte".

Una gran idea que puede ayudarte a desaprender algunos de los errores de la conciencia humana es ésta: *Soy una persona muy importante para Dios, porque soy Su empresa viviente.*

Dios no está lejos en algún punto en el espacio donde debes hacer un esfuerzo para llegar a El y pedirle que haga un milagro para ti "si tienes suerte". Dios está de tu parte. Dios tiene interés en ti. No debes esforzarte por llegar a Dios; Dios es una presencia para aceptar. En vez de insistir en lo difícil que están las cosas para ti, vuélvete a menudo al centro de tu ser y descansa en la seguridad de que eres la empresa viviente de Dios y tu buena fortuna es segura porque a Dios Le place dártela.

¿Es posible que una persona pueda realmente ser un "Jonás"? En la historia bíblica, Jonás fue tirado por la borda porque la tripulación atribuyó todos sus infortunios a la desgraciada influencia de Jonás. Joe Btfsplk, personaje clásico de una caricatura creada por Al Capp, vestía siempre de negro, llevaba un sombrero torcido y tenía sobre su cabeza una nube negra. Adondequiera que iba las desgracias ocurrían: las máquinas se descomponían; las hostilidades estallaban; las gallinas no ponían; las armas fallaban; y todo lo desafortunado que podía suceder, sucedía. ¿Son estas situaciones realistas? ¡Son muy realistas! Esto no quiere decir que una vez que actuamos como Jonás, seremos siempre un Jonás. Pero uno puede caer en el "síndrome de la nube negra", de manera que las aflicciones lleguen en tropel.

Quizás sea un corolario del principio científico de "entropía", que se considera ser una factor fundamental del Universo. La entropía causa que las formas organizadas se desintegren gradualmente en niveles más y más bajos de organización. Ella es la base de la teoría de que el Universo es como una gran máquina que deja de funcionar y queda inservible. En un sentido personalmente simbólico, nos deslizamos en una conciencia entrópica al sincronizar nuestros pensamientos con el pensamiento negativo del mundo. El infortunio sigue al infortunio bajo esta "nube negra". Sin embargo, la influencia puede ser invertida.

Es interesante que hay cada vez más evidencia de la existencia de un principio científico distinto, "la sintropía", a través del cual las formas tienden a alcanzar niveles más y más altos de organización, orden y armonía dinámica. Albert Szent-Gyorgyi, biólogo y ganador del premio Nobel, se refiere a ella como un "impulso innato en la materia viviente de perfeccionarse". Y hoy día muchos llaman la atención al impulso psicológico hacia la síntesis, hacia la perfección, incluyendo la perfección de uno mismo. De nuevo, en un sentido personalmente simbólico, nos elevamos a una conciencia sintrópica al dejar que nuestras mentes permanezcan en Dios.

Cuando estás a cargo de tu mente, en la conciencia de unidad con el fluir creativo, cuando cooperas con la vida en vez de ir en contra de ella, cuando eres positivo y amoroso, y te sientes seguro en la convicción de la Verdad, entonces estás bajo la "nube blanca" (el Salmo 91 la llama "la sombra del Ominipotente"). En esta conciencia, la sintropía hace su obra: los lugares de estacionamiento aparecen para ti; las acciones suben cuando compras; la gente deshonesta es justa en sus tratos contigo; los empleos aparecen; las promociones llegan. Tal vez parezca que vives una "vida de encanto". Realmente, no es nada más ni menos que una manifestación de la conciencia.

Y cuando mantienes un punto de vista optimista hacia las condiciones en el mundo y eres incurablemente "testarudo" hacia la economía en general, a pesar de lo que puedan decir los que "pronostican desastre" en la economía, entonces llevas tu nube blanca sintrópica al mundo.

Te vuelves una influencia positiva y sumamente contagiosa para una condición de prosperidad general. En un sentido muy real, ¡estableces una diferencia!

Recuerda, tu suerte, éxito personal y prosperidad no están en manos de un destino veleidoso —ni los cambios súbitos en la economía los determinan. La respuesta está en tu habilidad condicionada de formar y moldear la substancia del Universo, substancia que siempre está presente. Puedes cambiar tu suerte.

Resuelve que ahuyentarás la nube negra de entropía. Pablo da la llave: "No dejes que el mundo alrededor de ti te fuerce a entrar en su molde, sino deja que Dios moldee de nuevo tu mente desde tu interior". Establécete bajo la blanca nube de sintropía. Caminarás y obrarás en la conciencia de que todas las cosas trabajan verdaderamente para el bien. Aun la despedida de un empleo resultará ser lo mejor que jamás te haya sucedido, a medida que eres dirigido indirectamente a una nueva carrera. Algunos lo llamarán suerte. Ten la seguridad de llamarlo conciencia. ¡La suerte comienza contigo!

Henry Thoreau parece resumirlo para nosotros en esta cita de su obra clásica *Walden*:

> Si uno avanza en la dirección de sus sueños, y trata de vivir la vida que ha imaginado, se encontrará con un éxito inesperado en el diario vivir. Dejará fuera de consideración algunas cosas, pasará un lindero invisible: leyes nuevas, universales y más liberales empezarán a establecerse a su alrededor y en su interior; o viejas leyes se expandirán y se interpretarán en su favor en un sentido más liberal, y vivirá con la libertad de un orden nuevo de seres.

Capítulo 3

La ley de visualización

Uno de los aspectos más importantes del estudio de la Verdad es adiestrar los ojos para ver correctamente. Desde la infancia hemos usado los ojos en grados progresivos de la facultad perceptiva. Sin embargo, una persona nunca es verdaderamente madura hasta comprender el proceso básico de visualización. Hemos sido condicionados a creer que la vida se vive según las apariencias, según lo que vemos. Vemos cosas "allá fuera", y reaccionamos con actitudes y sentimientos sobre ellas. Sin duda, lo que vemos es lo que hay. ¡Ver es creer! Esto puede ocasionar comentarios derrotistas, tales como: "¿Qué va a hacer uno? ¡Así son las cosas!"

La vista es un fenómeno interesante. Las cosas que vemos caen al revés en la retina del ojo, como en una cámara fotográfica. A través de las terminaciones del nervio que son sensitivas a la luz, obtenemos la imagen distribuida sobre varios puntos que graban. Sin embargo, debido al milagro de la visión, no vemos todos los puntos; todos ellos son transformados en una sola vista sólida. Aún más, lo que la mente ve no es esta imagen sólida que es comunicada al cerebro, sino lo que tu conciencia te ha condicionado a ver. En otras palabras, ver *no* es creer; ¡*creer* es ver! Ves las cosas, no como ellas son, sino como tú eres. Tu percepción se forma de acuerdo con tus experiencias previas, tu fe y donde estás en conciencia. Cuando algo en tu mundo fracasa —inarmonía en la oficina, un negocio que no va bien, o un balance bancario que es insuficiente para enfrentar las obligaciones presentes— normalmente la primera preocupación es corregir los asuntos. Sin embargo, cuando comprendas la ley de visualización, te darás cuenta de que la mayor necesidad no es corregirla, sino verla correctamente. Ver correctamente es una de las llaves más importantes para la demostración eficaz de la Verdad. Más importante que cambiar los asuntos "allá fuera" es cambiar tu manera de verlos. En las palabras del místico medieval, el Hermano Angelus: "Lo que ves, hombre, debes ser también; Dios, si ves a Dios, polvo, si polvo ves".

Tomás Troward expresa el proceso de visualización sucintamente cuando dice: "Habiendo visto y sentido el fin, tú has dispuesto los medios para la ejecución del fin". Habiendo concebido y sentido profundamente alguna cosa o experiencia, has creado realmente la condición en la mente que hace inevitable un resultado particular. Es una ley fundamental.

Una de las maneras más eficaces en que empleamos esta ley de visualización, y también por lo cual podemos comprenderla, es la preocupación. La preocupación se basa en la creencia de que alguna condición indeseable ya existe. La gente aprensiva imagina vivamente la condición indeseable por la que se preocupa. Por tanto, de acuerdo con Troward, porque esas personas ven y sienten el fin, disponen los medios para el cumplimiento del fin. Es por eso que Job dijo: "Me ha acontecido lo que yo temía" (Job 3:25). ¡Por supuesto! Porque en el miedo y la ansiedad, él visualizaba el fin y creaba los medios en la mente para su manifestación. Este es el modo como la mente trabaja invariablemente.

Un hombre que tenía a su cargo el cuidado total de su madre inválida habla de su experiencia con el uso negativo de visualización. El dice: "Por ocho años había estado lleno del temor de que podría perder mi empleo y no podría continuar con los tratamientos caros ocasionados por su enfermedad. Fue una fuente de perpetua preocupación en mi mente". ¡Ocho años de visualizar una condición, disponiendo constantemente los medios para el cumplimiento del fin! Debido a que es una ley inexorable, sería un milagro si no sucedería como había visualizado con tanta persistencia. . . y sucedió. El perdió el empleo. ¡Qué triste! ¡Qué injusto! Afortunadamente, no

escuchó a sus amigos compasivos. Porque como estudiante de la Verdad, descubrió tardíamente lo que había
estado haciendo. Empezó a cancelar el proceso, y se veía
a sí mismo en un empleo seguro y bien pagado. Con el
tiempo llegaron nuevas oportunidades y finalmente éxito.
El reconoce libremente hoy que toda la experiencia fue un
momento crucial en su vida, porque aprendió una gran
lección en el descubrimiento de cómo uno puede creativamente emplear mal una ley fundamental de metafísica.

Es por eso que Jesús dijo: "No juzguéis según las apariencias, sino juzgad con justo juicio" (Jn. 7:24). Se sabe
que los políticos "observan con alarma" según evalúan la
condición de la economía. Los pronosticadores de la
economía pueden, también, predecir caos en el mundo
mercantil. Sin embargo, tú eliges. Puedes decidir a qué va
a darle importancia tu conciencia. Y el bienestar de una
nación en su totalidad se determina con la actitud de sus
ciudadanos. Más y más los economistas están de acuerdo
con que la palabra *economía* no se refiere a una entidad
monolítica, sino más bien a un ambiente financiero que es
influido principalmente por la conciencia colectiva del
pueblo. Es por esto que al economista se le hace tan difícil
predecir las tendencias económicas, porque nadie sabe
realmente cómo doscientos millones de personas van a
sentirse mañana por la mañana. Hay una conciencia creciente de que la "palabrería" de un líder tiene un impacto
más fuerte sobre la economía que cualquier forma de
reglamento gubernamental, y toda la economía podría

ser cambiada rápidamente si la mayoría de la población se
dedicara a pensar positivamente —viendo abundancia en
todas partes— y de este modo disponer los medios para el
cumplimiento de un fin.

Por eso cuando Jesús dijo: "No juzguéis según las apariencias, sino juzgad con justo juicio", declaraba que si
vivimos en la creencia de que nuestra experiencia depende
totalmente de lo que nos sucede, nos volvemos indecisos,
cautelosos, aun un poco paranoides, y toda condición
cambiante tiene el poder de "manipularnos", de determi-
nar cómo vamos a pensar, o a sentirnos, o a actuar. Por
ejemplo, si nuestras preocupaciones básicas son financieras, luego el informe diario de Dow Jones muy bien
puede llegar a medir nuestros estados emocionales, dán-
donos fe o miedo, alegría o depresión. Es una forma terrible de vivir, mas es probablemente el modo en que la
mayor parte de la gente vive.

Sin embargo, si crees realmente que la vida se vive de
adentro hacia afuera (desde tu ser interno hacia las apariencias externas), y si te estableces con persistencia en la
conciencia de unidad con la substancia divina, entonces
tu percepción de las cosas reflejará una actitud opti-
mista.Y habiendo visto y sentido el fin, has deseado los
medios para la realización de ese fin. . . para ti. Y trabajará
para ti, no importa lo que suceda en el mundo "allá
fuera". El Salmo 91 declara con énfasis el proceso: "El
que habita al abrigo del Altísimo (asido a la visión de
unidad) morará bajo la sombra del Omnipotente (el para-

guas protector de la conciencia)". Y además, "Caerán a tu lado mil y diez mil a tu diestra; mas a ti no llegarán".

Lo que Jesús llamó *justo juicio* es "visión concéntrica", ver desde adentro. Esto no es decidirte por los asuntos "tales como están", sino visualizarlos como pueden ser. Desde luego, lees la prensa y estás consciente de cómo están las condiciones. Pero es importante mantener una perspectiva clara de *quien* eres. No eres simplemente una persona que sin pensar reacciona a condiciones. Eres una persona creativa con tu propia relación especial con el fluir divino. Estás unido siempre con la fuente de ideas, creatividad y éxito ilimitados.

Ahora bien, aclaremos lo que queremos decir con visualización. No sugerimos que no hagas nada más que imaginar sacos llenos de oro. Hay una costumbre muy difundida de lo que se llama "hacer un mapa del tesoro", donde uno ingenuamente corta fotografías de revistas que sugieren la imagen de afluencia y éxito, y las pega a un cartel diseñado cuidadosamente para ser puesto en un lugar donde regularmente haga una impresión en la fase subconsciente de la mente. En una evidente e indisculpable materialización de una hermosa ley espiritual, la persona es engañada sutilmente para adorar a Mammón (los bienes materiales). Es como remover los cristales de tus lentes y reemplazarlos con monedas de oro. Puedes sentirte rico al ver oro solamente, pero apenas verás otra cosa.

No es a eso que nos referimos. No hablamos de ver

cosas (automóviles, casas, empleos, joyas, etc.), sino más bien de ver *desde* la conciencia de la substancia omnipresente, que llegará a ser la fuerza magnética que atrae las cosas a ti, pero sin que ninguna de ellas se vuelva el propósito de tu vida. Jesús dijo: "Bienaventurados los de limpio corazón, porque ellos verán a Dios" (Mt. 5:8). Esto no quiere decir ver a Dios literalmente "allá fuera" porque "Nadie ha visto jamás a Dios" (Jn. 1:18, Versión Popular). Ves a Dios del mismo modo que ves matices rosados cuando miras a través de lentes color de rosa.Ves desde la conciencia de Dios y proyectas esa conciencia. Por tanto, cuando te centras en unidad con la substancia de Dios, es como si "vieras" substancia. En un sentido muy real, ver abundancia en todas partes es encender las luces, lo que te capacita a ver perfección aun en la enfermedad y suficiencia de todo aun en la carencia.

L. P. Jacks, distinguido filósofo británico, dice: "El Espíritu es materia que se ve con una luz más potente". Por tanto, si la carencia, o la limitación financiera de cualquier clase aparece, lo necesario es encender más luz. ¡Jesús nos aconsejó a dejar brillar nuestra luz! Toma un momento para centrarte en la Totalidad de la substancia y luego dirige tu centrada conciencia a la experiencia. Esto no es cegarte a los hechos, sino más bien "contemplar" los hechos . . . "desde el punto de vista más alto", como dice Emerson.

Es interesante que la palabra hebrea de la que obtenemos la palabra *ojo* (en inglés) es *ayin*, que significa literalmente "fuente". Esto sugiere un discernimiento poderoso. La vista no es simplemente un asunto de registrar lo que vemos allá fuera, y "ver es creer". Es eso, pero es también muchísimo más. La verdadera visión es un fluir de conciencia como una fuente desde nuestro interior. Por tanto, *donde* estás en conciencia tiene que ver con todo *lo que* ves en la experiencia. Si tienes un sentido de afluencia, un sentido de la omnipresencia de la substancia, vas a sellar con eso todo lo que ves. No es que solamente vas a ver las cosas de cierto modo, pero tu alta visión centrada en Dios tiene poder formativo, y esto tiene que ver mucho con lo que realmente sucede en tu mundo.

Una niñita miraba muy sollozante por la ventana de su casa que daba a la calle mientras observaba a sus hermanos arrastrar el cuerpo muerto de su perro, que acababa de ser matado en la calle, para enterrarlo en el patio. El padre, que pertenecía a la secta de los cuáqueros, estaba cerca de ella y con cariño puso sus brazos alrededor de la niña para darle consuelo. Más tarde la llevó a otra ventana —ésta daba al jardín— donde la niñita pronto gritó con alegría al notar las recientes flores en un pequeño arbusto que anteriormente había ayudado a sembrar. Dándole una tierna caricia, el padre cuáquero dijo: "Ves, queridita, estabas mirando por la ventana incorrecta".

Vivimos en una casa de conciencia, y la mar de cosas suceden afuera en el mundo. La ventana más prominente es la pantalla de televisión. A medida que escuchas las noticias (realmente eres testigo de ellas), te presentan un cuadro, producido hábilmente, de un mundo de crimen, pobreza y continuos cambios económicos. En los años recientes "las noticias" se han convertido en la forma de diversión número 1. Las estaciones compiten por presentar lo más sensacional. Hasta los informes del tiempo son tan dramatizados que casi pierden su valor como pronósticos. El problema es, en cuanto a los informes económicos, que ellos se vuelven "profecías que por su propia naturaleza contribuyen a cumplirse", porque estamos acostumbrados a ser manipulados por lo que vemos en la ventana del televisor. ¿Quiero decir con esto que no debemos ver las noticias? De ningún modo. Podemos querer, aun necesitar, estar informados. Sólo tengamos presente que lo que vemos es la *apariencia* de las cosas. Tienes el derecho, tal vez hasta la responsabilidad, de sellar todo lo que ves y oyes con la conciencia de Dios. La Verdad importante es que si las noticias te manipulan, entonces te vuelves parte de los problemas del mundo; pero si miras por la ventana de la Verdad y proyectas una fuente de luz y amor, luego eres parte de la solución. Te vuelves un pacificador y das forma a la prosperidad.

En todas las muchas maneras en que te relacionas con la vida, o eres influido por ella, es importante estar seguro de mirar por la ventana correcta. Dorothea Brande dice que siempre debemos actuar como si fuera imposible fra-

casar. Ambicionar prosperidad y, sin embargo, dejarse
manipular por los indicadores económicos para repetir
un cliché común como "estamos pasando por una recesión
tremenda", o desear curación y, no obstante, hablar de
"un virus que está por ahí", puede compararse con tratar
de llegar al este mientras viajamos hacia el oeste. No hay
filosofía en el mundo, incluyendo la enseñanza metafísica,
que dirija a la prosperidad o al éxito de una persona que
mira siempre por la ventana incorrecta y entrega sus emociones a sentimientos de negatividad y pesimismo.

El secreto de alcanzar prosperidad es mantenerte centrado tan intensamente en el enfoque interno de afluencia
que exudas literalmente la conciencia de ella. A esto se le
llama con frecuencia la "conciencia de prosperidad". No es
algo que adquieres por medio de repetir una y otra vez
afirmaciones de prosperidad. Es centrarte en el fundamento de la realidad interna. Ves abundancia, no signos
de dólares, no cosas, no ollas llenas de oro al terminar el
arco iris. Porque el arco iris ve la tormenta a través de las
gotas de agua. Tú ves la apariencia de cualquier cosa necesaria a través de la conciencia de substancia. Te vuelves un
proveedor del fluir de prosperidad.

Como hemos dicho anteriormente, no ves las cosas
como *ellas* son, sino como *tú* eres. Siempre tiendes a actuar como la persona que tú mismo o tú misma concibes
ser. Esta es tu autoimagen. Emerson dice que te rodeas
con la imagen que tienes de ti mismo. Si tu autoimagen es
imperfecta, proyectas su limitación a toda experiencia. Mu-

chas situaciones de empleo inadecuado son los resultados directos de una autoimagen de insuficiencia que hace impresión en la experiencia del empleo. Pero puedes cambiar la manera de verte. Es de esto que trata el nuevo discernimiento en la Verdad.

La psicología de autoimagen provee algunas técnicas útiles. Sin embargo, el enfoque a veces tiende hacia lo superficial. El enfoque puede ser principalmente en la imagen que ves en el espejo, con la autosugestión de la imagen que te gustaría ver allí. Es una tentativa —basada en codicia— que se centra en el ego para ser como otra persona. Quieres tener la apariencia física, la manera afable y los logros materiales de otra persona. En un grupo donde se comparten las experiencias, pronto se vuelve obvio que esa persona dice: "Quiero cambiar mi autoimagen porque no me gusta como soy". Sin embargo, no hay modo de obtener una nueva imagen que pueda cambiar tu vida si empiezas a rechazarte a ti mismo. El eslabón perdido en la práctica de la psicología de autoimagen es la realización de no cambiar tu autoimagen al rechazar lo que eres, sino al *descubrir* lo que eres.

Ya eres creado a imagen de Dios y conforme a Su semejanza, no *puedes ser* creado del mismo modo si hablas muchísimas afirmaciones positivas de la Verdad. Tu verdadera imagen no es algo que consigues, ella es una realidad para descubrir. Hay aquello en ti que es la semejanza de Dios. Es tu "imagen del YO SOY". Esto es lo que eres realmente, lo que has sido siempre. Nunca puedes ser menos. Oh, tal vez te identifiques como menos que eso, y así proyectes esa conciencia en la experiencia de tu vida. Puedes continuar viendo y manifestando menos en todos tus asuntos. Dice un poeta que muchas personas se mueren con toda la música por dentro. Mas nunca puedes ser menos que tu "imagen del YO SOY", porque fuiste creado con tu propia potencialidad divina y el poder de cumplirla en una experiencia de vida próspera y exitosa.

¡Qué inútil es tratar de *adquirir* una imagen de éxito! Dios triunfa cada vez que un niño nace. Naciste para lograr, para liberar tu poder interno, para llevar a cabo tu originalidad. Es la "pequeña chispa de fuego celestial que tal vez profanes, mas nunca puedes perder". Puedes ser como el hijo pródigo, y vivir perdidamente en la circunferencia de la experiencia humana, trabajar con signos de dólares en tus ojos, olvidar *quien* eres realmente. El maestro Eckhart dice que el hijo pródigo está en un país lejano, pero que el Padre está en casa. El Padre es la realidad en ti que está siempre en el centro de tu ser, no importa cuán lejos hayas llevado tu conciencia de este centro. Es interesante que en la parábola del hijo pródigo no dice: "¡Soy una persona terrible! Quizás si regrese a casa obtenga una nueva imagen de mí mismo". No, la parábola dice muy sencillamente: "Volviendo en sí" (Lc. 15:17). Luego regresó a su casa, no para buscar su "imagen del YO SOY", sino por la consciente realización de esa imagen.

Un funcionario de un banco principal entrevistaba a un

hombre que solicitaba un préstamo considerable. Al final el banquero se levantó, extendió la mano sobre la mesa y dijo: "Usted tiene la actitud correcta; le apoyaremos". ¡Y así siempre es! La riqueza del Universo te respalda cuando tienes la actitud correcta, cuando te *ves* en el contexto correcto, cuando proyectas la imagen correcta. No rechazando lo que eres, sino celebrando tu verdadera "imagen del YO SOY".

Ahora mismo se halla en ti la posibilidad de éxito y logro. Puedes contar con eso. Y, aun así, si estás ansioso acerca de un negocio, o preocupado sobre tu empleo, estás viendo el fracaso como una posibilidad. Y *habiendo visto y sentido el fin, tú has dispuesto los medios para la ejecución del fin.* Es una Verdad chocante que nunca debemos olvidar.

Un industrial exitoso una vez dijo: "Es tan fácil verte triunfante como lo es verte fracasado, y verte triunfante es mucho más interesante". Será provechoso que hagas un examen de conciencia. Si descubres que tienes el hábito de decir: "¡Mi mala suerte! A mí las cosas nunca me van bien", sólo recuerda que haces un decreto. ¿Es así realmente como deseas que te vayan las cosas? ¿Por qué no haces una declaración positiva? Es tan fácil hacer una declaración positiva como una negativa, y es mucho más beneficioso. ¿Por qué no te pones a tono con el fluir divino y celebras tu "imagen del YO SOY"? Afirma: *Me veo teniendo gran éxito, porque nací para triunfar.* No es que al expresar esas palabras hagas suceder algo. Mas por medio de la conciencia implicada en las palabras, comienzas a disponer los medios para la realización del fin.

Los psicólogos experimentales han probado que el sistema nervioso humano no puede distinguir la diferencia entre una experiencia "verdadera" y una experiencia imaginada en detalle. Hace algunos años se hizo un experimento interesante en la Universidad de Chicago. Un número de estudiantes fue dividido en tres grupos de prueba. En primer lugar su habilidad para tirar balones de baloncesto a un arco fue examinada. Luego, le dijeron al primer grupo de estudiantes que se fuera a su casa y olvidara todo acerca de la prueba. Le dijeron al segundo grupo que regresara al gimnasio y por una hora al día por treinta días practicara lanzar los balones a las canastas. Al tercer grupo se le dijo que encontrara un lugar tranquilo en su casa donde por una hora al día por treinta días imaginara que lanzaba baloncestos a un arco.

Al terminar los treinta días los estudiantes fueron reunidos en el gimnasio para ser examinados de nuevo. El primer grupo, como era de esperar, no mostró ningún progreso. El segundo grupo, después de treinta horas de práctica, mostró un progreso de 24 por ciento. Obviamente, la práctica mejora las destrezas de una persona. Sin embargo, la revelación interesante llegó del tercer grupo el cual no había tocado un balón, pero había imaginado lanzar los balones a las canastas. Este grupo, podríamos llamarlos "los imaginantes", mostró un aumento de 23 por ciento en su habilidad para lanzar balones a una canasta. Su progreso casi igualó al grupo que había practicado todos los días.

Puede parecer increíble, pero el hecho es que tú mismo puedes someterte a prueba. En el trabajo de ventas, puedes prepararte para tener un buen día al imaginarte que tratas eficazmente de asegurar una venta y realmente ver al cliente firmar el pedido. Como secretaria, puedes visualizar un trabajo libre de errores que entregas a tiempo a un jefe agradecido. Como golfista, actor o violinista, puedes emplear ratos de ocio usando tu imaginación constructivamente con resultados tremendamente beneficiosos. Cualquiera que sea el trabajo de tu vida, cuando necesites mejorar, trata la ley de visualización. Ella no falla.

Desde luego, todo esto requiere disciplina mental. *El pensamiento positivo* es el término popular para ello. Sin embargo, no queremos decir que estés sin hacer nada y articules con rimbombancia muchas perogrulladas alegres, tales como: "Todo va a estar bien". El hecho es que todo no va a estar bien hasta que logres una conciencia de que todo va a estar bien. Mucho de lo que se llama pensamiento positivo es poco más que ilusiones, la expresión de muchas palabras excesivamente optimistas en las cuales no crees realmente. Las dices porque eso es lo que crees que un estudiante de Verdad debe hacer. Mas el pensamiento positivo no hace el poder creativo, ni cambia a Dios o las condiciones. Es asunto de sincronizar tu mente con el fluir del infinito. Lo ideal, desde luego, es pensar la clase de pensamientos que llevan a la clase de condiciones que deseas ver manifestadas en tu vida.

Un gerente de ventas cuenta la historia de un joven vendedor en el cual tenía grandes esperanzas. Lo puso en un territorio que su compañía consideraba ser el mejor. Al cabo de un año había ganado alrededor de $25,000 en comisiones. La gente en la oficina principal estaba preocupada porque creía que ese territorio debía producir bastante negocio para ganarse al menos $75,000 en comisiones. Por tanto, se le dijo al gerente de ventas: "Líbrese de ese hombre; está arruinando nuestro negocio". Pero el gerente no pudo ser tan cruel como para deshacerse del hombre. En vez de eso, lo puso en el territorio más pobre, y esperaba que el hombre se encontrara a sí mismo, o se desalentara y optara por irse. Al cabo de un año el hombre había ganado otra vez alrededor de $25,000. Esto se consideró tan bueno para ese territorio que se supuso que el joven finalmente había empezado a tener éxito. Lo pusieron de nuevo en el territorio bueno, donde otra vez ganó $25,000. Esto es un ejemplo clásico de la influencia de la imagen que tenemos de nosotros mismos. El se ve como un hombre de un salario de $25,000 al año. De este modo la conciencia trabaja como el regulador de velocidad de un automóvil.

Ahora bien, el joven no es ocioso, porque había tenido que trabajar excepcionalmente duro para tener éxito en el área pobre. El quiere triunfar realmente. Pero ve la vida desde una imagen de sí mismo distorsionada. De algún modo no ha podido decir "sí" a un éxito mayor. Si alguien hubiera tratado de decirle que tenía la habilidad de mejorar mucho más, él podría decir: "Sé que debería mejorar, pero. . ." Ahí está . . . *pero*, una palabra de cuatro letras que significa autolimitación. El hecho es que él es una persona dividida. Conscientemente, quiere triunfar, pero su autoimagen negativa simplemente no lo permitirá. El soliloquio de Pablo lo resume: "No hago lo que quiero, sino lo que detesto, eso hago" (Ro. 7:15).

La excusa del joven es ". . . pero". Es como la persona que dice, para explicar su pobre desempeño en un empleo: "La preocupación me mantuvo despierto toda la noche". Lo dice tan naturalmente como si dijera: "Llovió toda la noche". Pero es *tu* mente. Y *tu ser*, que tiene mente, tiene el poder de controlar los pensamientos e imágenes que vagan sin rumbo en la mente. Es un viejo cliché: Mantén vigilancia en la puerta de tu mente. No permitas que los pensamientos negativos permanezcan sin ser retados. Y "sella tus labios". Si te das cuenta de que proclamas palabras negativas, tales como: "¡Puedo imaginarme cuán malas las cosas se pondrán!" habla inmediatamente palabras como éstas: "Mira, esa es una gran afirmación. Repitámosla tres veces para darle mayor énfasis". Esto debe ayudarte a comprender cuán ridículo has sido. Una maestra de elocución interrumpe a sus estudiantes cuando

titubean en sus discursos. Dice: "Si no tienen nada que
decir, ¡no lo digan!" Y para todos nosotros que decimos
cosas negativas que realmente no queremos ver manifestadas en nuestras vidas: "Si no tenemos algo positivo que
decir, entonces no lo digamos".

Cuando trabajas diligentemente para tener el pensamiento positivo, hablar la palabra constructiva y tener
presente las imágenes creativas de éxito, toda tu vida empezará a vibrar con el poder dinámico de prosperidad. La
ley es: puedes tener todo lo que puedes esperar y aceptar.
Esta fue la Verdad eterna dada a Abram: "Alza ahora tus
ojos y, desde el lugar donde estás, mira hacia al norte y al
sur, al oriente y al occidente. Toda la tierra que ves, te la
daré a ti" (Gn. 13:14–15). Y es un mensaje pertinente
para ti hoy: todo lo que puedes realmente visualizar
como algo posible en tu vida, si puedes creer (que discutiremos en el próximo capítulo), puedes lograr. De nuevo,
habiendo visto y sentido el fin, tú has dispuesto los
medios para la ejecución del fin.

En la mitología griega, Pigmalión, rey de Chipre, es-
culpió una estatua de mármol, la figura de una mujer tan
hermosa que todas las mujeres la envidiaban, y era tan
perfecta que el escultor se enamoró de ella. La adornó con
flores y joyas y pasaba día tras día adorándola, ensimismado con su amor. Finalmente, los dioses se apiadaron de
él y soplaron aliento de vida en la estatua, y lo que él
había creado se volvió viviente y real. Es una bella historia de amor de los tiempos antiguos con una profunda lec-

ción de vida para hoy: atrévete a concebir mayores cosas para ti. Atrévete a verte fuerte, confiado, capaz, triunfante y poseyendo paciencia y estabilidad para mantenerte progresando en la dirección de tus sueños.

Sueña elevados sueños, y según sueñas así te volverás.

Tu visión es la promesa de lo que algún día serás.

Tu idea es la profecía de lo que al fin descubrirás.

—*James Allen*

CAPÍTULO 4

Si puedes creer

"Al que cree todo le es posible" (Mr. 9:23). Esta es una promesa formidable con implicaciones trascendentes. Sin embargo, ¿qué significa creer? La fe no es una constante. Quiere decir diferentes cosas para diferente gente. Desde luego la fe es un poder mental fundamental que es básico para la realización de prosperidad. Pero debemos tener una conciencia clara del proceso de la fe y cómo ponerla a funcionar para nosotros.

Cuando Jesús dijo "al que cree", se presume normalmente que quiso decir la persona que cree en Dios. La religión de muchas personas consiste sencillamente en una declaración de "yo creo en Dios", aunque raramente se ocupan de preguntarse lo que significa Dios para ellos. Sydney Harris, el columnista sindicado, dijo: "Mi padre no creyó en Dios, pero Dios creyó en mi padre". Muchos

71

de sus lectores se ofendieron. El quiso decir que su padre no era religioso en un sentido formal, pero creía en la vida. Era una buena persona que vivía con fe y amor. Dios no es una superpersona "allá fuera" a quien oramos e imploramos favores. Dios es un proceso de vida por el cual vivimos. Emerson sugiere que cuando rompes con el Dios tradicional y terminas con el Dios del intelecto, ese Dios te inspirará con la Presencia. No hay modo de poder empezar a comprender realmente la "economía espiritual" o hacerla trabajar en tu vida hasta que estés libre del sentido de Dios "allá arriba" y estés inspirado con la conciencia de la Presencia. Dios no es el Hombre Grandioso de los cielos, un gran llevador de cuentas y pagador de la substancia divina. Dios es la trascendente totalidad de las cosas de la cual eres una parte individualizada.

Todo el Universo de substancia innata está centrado en ti. No hay nada que puedas hacer para añadir a esto o para quitarle. Y esta centralidad, por lo que a Dios se refiere, es la misma en toda persona. Esto nos lleva a la inevitable conclusión, chocante al pensamiento, de que el Universo no estaba más centrado en Jesús que lo que está en ti. Desde luego, esto no explica la diferencia bastante obvia. Jesús, en Su conciencia disciplinada, estaba centrado en la Fuente mientras que nosotros estamos centrados usualmente en varios niveles de limitación.

Sin embargo, Jesús dijo claramente que puedes hacer todo lo que El hizo si puedes creer, si puedes centrarte en el fluir creativo, como El estaba tan centrado siempre.

Esto sugiere una definición excelente de la palabra *fe*: conciencia centrada en la Fuente universal. Las enseñanzas y maestros religiosos nos han condicionado a pensar en la fe como un catalizador mágico que hace a Dios trabajar para nosotros. De ningún modo la fe hace a Dios trabajar ni ella libera alguna clase de poder milagroso. La fe simplemente se armoniza con el fluir divino que siempre ha estado presente y lo activa.

Si tienes un reóstato en el conmutador de la luz de tu comedor, o si recuerdas el bajar de intensidad de las luces en un teatro, tienes un buen ejemplo de cómo trabaja el fluir divino. Cuando subes el reóstato, obtienes más luz, cuando lo bajas, la energía que fluye a través de la bombilla es reducido, lo que resulta en menos luz. No hay milagro envuelto cuando el cuarto de repente se inunda de luz. La energía está presente todo el tiempo, ya esté el reóstato alto o bajo. Un reóstato que has bajado es como una conciencia de carencia que restringe el fluir de substancia. Un reóstato que has subido es como "centrar la fe" que abre el camino para una experiencia de afluencia. Tal vez esto sea una simplificación exagerada, pero puede ayudarte a comprender el principio y el proceso envueltos.

Los maestros y escritores demasiado apasionados hablan de la "magia de creer" y de las "obras milagrosas de la fe". Se comprende. Ellos se emocionan sobre el papel que desempeña la fe en la demostración de prosperidad. Sin embargo, debemos enfatizar de nuevo: la fe trata con la ley, no con el capricho. Pensar en magia y milagros puede llevarte a conclusiones erróneas y tener que vértelas con alguna vuelta fortuita de la rueda de la fortuna. La substancia de Dios es un recurso creativo que siempre está presente y debe fluir cuando creas las condiciones que hacen inevitable el resultado.

No pierdas de vista este discernimiento vital. La fe no es un vago proceso de creer *en* algo, muy parecido a un credo aprendido a fuerza de repetir "creo en Dios". La fe es, más bien, el acto positivo de *prender* algo. El poder ya está en tu interior, porque eres el poder que se proyecta a la visibilidad *como* tú. A ver, decir que tienes fe en algo, aun fe en Dios "allá fuera", sugiere esforzarte y suplicar, tocar un botón mágico que de ninguna manera se relaciona con tu perfección. Lo ideal no es "creer *en*", sino "creer *desde*" la presencia de Dios. Empiezas con la suposición de la Presencia en la que vives y tienes tu ser. Tu fe es una actividad que parte de esta base. Es una actitud creyente que se hace real y creativa a causa de tu armonización con el fluir creativo.

Puedes hacer la pregunta: "¿Crees realmente que la fe puede cambiar las cosas?" *Hay* un proceso cambiante, como la luz que entra en una habitación cuando descorres las cortinas. Sin embargo, la fe no cambia la naturaleza de la realidad así como el descorrer de cortinas no cambia la naturaleza de la luz. La fe se armoniza con la realidad y libera el "esplendor encerrado".

En los tiempos precolombinos, la gente creía en un

mundo plano, pero el mundo permaneció redondo. Su creencia en un mundo plano no cambió el mundo redondo en lo más mínimo. Más tarde, en los años que siguieron los descubrimientos de Colón y Magallanes, la creencia en un mundo redondo no requirió hacer cambios en el mundo plano. Por lo tanto, en un sentido, la fe de ningún modo cambia realmente las cosas. La fe cambia la manera en que te relacionas con ellas. Hay siempre suficiencia de todo aun en la insuficiencia. La fe puede relacionarte con lo total o lo parcial. Y será de acuerdo con tu creencia.

Cuando oras por prosperidad, tu fe no crea mágicamente bolsas llenas de oro a tus pies. Este no es el modo de la ley divina. En realidad, tu fe ya ha estado envuelta en tu condición, como sucede con el reóstato que se ha bajado. Tú puedes haber estado creyendo en carencia, y así has tenido carencia. A medida que vuelves a centrar tu pensamiento en la conciencia de abundancia, subes el reóstato, por decirlo así, y te sincronizas más con el proceso de la substancia eterna, que luego fluye en tu experiencia de maneras perfectamente naturales: aumentos de salario, mayores ganancias en inversiones, y otras mejoras.

La abundancia es realidad siempre presente. Esta Verdad fundamental es la base sobre la cual todos los programas de prosperidad deben ser establecidos. La escasez financiera de cualquier clase puede compararse al mundo plano. Ella es donde estás en conciencia. Pero hay abundancia para ti ahí mismo donde estás, así como hay un mundo redondo dentro del mundo plano, o sea, el mundo redondo simplemente trasciende el mundo plano. Esto es lo que "trascendental" quiere decir. No hablamos sobre dos mundos diferentes, sino sobre dos maneras en que percibes un solo mundo y te apropias de él —el mundo en el cual tienes carencia, desempleo y penas, y el mundo de la substancia ilimitada y siempre presente. Si has estado creyendo en oscuridad, las cortinas están bien cerradas y has estado experimentando oscuridad en tu habitación. Al volver a centrar tu conciencia en la fe positiva, abres la ventana a la luz de la Verdad y es como Isaías sugiere: "He aquí que mi siervo será prosperado, será . . . exaltado, será puesto muy en alto" (Is. 52:13).

La enfermedad más diseminada de nuestro tiempo bien pudiera ser la "no pueditis", la cual muchos de nosotros contraemos en los primeros años de la vida de parte de nuestros ascendientes. La sociedad ha compuesto una canción sobre ella que no tiene ni ton ni son, pero que podemos oír por todas partes:

> No puedo porque soy pobre.
> No puedo porque estoy enfermo.
> No puedo porque no tengo la habilidad.
> No puedo porque no hay oportunidad.
> No puedo porque estoy demasiado viejo.
> No puedo. . . No puedo. . . No puedo.

Pocas personas sólo usan una pequeña parte del tremendo poder de Dios en ellas. Puedes alterar la norma de machacar en la misma vieja tonada "no puedo". En realidad, no puede haber progreso en la realización de prosperidad hasta que lo hagas. Requiere saber, saber realmente, que eres un ser espiritual y vives en un Universo espiritual ilimitado, dotado de todo el fluir de energía potencial del Universo. En la mayoría de los casos, el problema es la imperfecta evaluación de sí mismo. Por ejemplo, tal vez digas: "Soy una persona promedio". Esto lleva a la aceptación subconsciente de la "sabiduría del mundo" que proclama: "La probabilidad de éxito para la persona promedio en esta empresa es alrededor de una en siete". Pero, ¿por qué ser una persona promedio? Todos los grandes logros en la historia han sido hechos por individuos fuertes que rehusaron consultar las estadísticas o escuchar a aquellos que podían probar convincentemente que lo que ellos querían hacer, y de hecho por último lo hicieron, era completamente imposible. Deja ir el "no puedo" y empieza a identificarte como la empresa viviente de Dios. No eres una persona promedio. Tú eres *tú*, una individualización única del proceso creativo universal. Declara para ti mismo: *¡Yo puedo, porque YO SOY!*

Desde luego, vives en un mundo de cambios y de vez en cuando puedes tener necesidades urgentes. El discernimiento de la Verdad no debe causarte que rehúses admitir tenerlos. Lo importante es que una necesidad no tiene

limitaciones inherentes. Sólo hay pensamientos restrictivos sobre ella. Si los Alpes hubieran parecido tan formidables para Napoleón como lo fueron para sus consejeros, él nunca hubiera intentado cruzarlos en pleno
invierno. Pero mostró el enfoque de su conciencia al
decir: "¡No habrá Alpes!" No negaba su existencia, solamente negaba que eran intransitables. Tal vez digas de
alguna dificultad agobiante: "¡No hay manera de salir de
esta dificultad!" Y quizás no haya manera alguna para el
sentido humano. De nuevo, todas las cosas son posibles
para Dios y para ti en la conciencia de Dios. Los Napoleones de la ciencia, industria y tecnología del espacio han
enfrentado "Alpes" de obstáculos insuperables al dar a entender "¡no habrá Alpes!" Y así puedes hacerlo tú.

En el nivel presente de desarrollo donde ahora mismo
estás, hay un recurso ilimitado de sabiduría y guía, de habilidad y creatividad, y de substancia y provisión por
medio del cual puedes hacer, y hacerlo superlativamente
bien, todo lo que debe hacerse. . . si puedes dejar ir tu
identificación con la limitación. . . si puedes creer. La palabra *desarrollo* es interesante en cuanto a que no quiere
decir añadir o poner algo. Se relaciona con la palabra *envolver*, que quiere decir encerrar. Por lo tanto, "desarrollar" significa desenvolver. El desarrollo de una conciencia
de prosperidad no se logra al "programar la mente" con
una serie de oportunas "declaraciones de la Verdad". *Eres*
rico, no porque lo decretes una y otra vez, sino a causa de
tu herencia espiritual. Eres ahora tan espiritual como

siempre puedes serlo. Puedes aumentar la conciencia de tu verdadera naturaleza, que a su vez aumentará tu fluir de substancia. No conseguirás prosperidad de un libro —ya sea este libro o cualquier otro. La prosperidad viene de la conciencia que se desenvuelve desde el interior de una persona. Te asombrarán las cosas maravillosas que comenzarán a desenvolverse para ti a medida que desarrollas una imagen más positiva de ti mismo y según vuelves a centrar tu fe en el poder que todo lo logra, el poder del proceso divino en tu interior.

De vez en cuando un estudiante de la Verdad dirá: "He trabajado larga y arduamente para desarrollar comprensión. ¿Cuánto tiempo tengo que trabajar en esto para llegar al lugar donde ella trabaja automáticamente para mí?" Este pensamiento es tan comprensible, pero tan ingenuo. Pregúntale al gran atleta o al pianista de concierto o al actor exitoso si ellos han llegado al lugar donde no necesitan practicar más. Te dirán que mientras mayor pericia alcanzas y más te acepta el público, mayor es la necesidad de practicar. Notarás que aun Jesús iba regularmente a las montañas a orar para "practicar la Presencia de Dios".

Pueden haber momentos cuando te digas: "Pero este problema *realmente* no tiene solución. Después de todo, soy sólo humano; ¿qué esperan?" Pero no eres *solamente* humano. *Eres* humano, desde luego; pero lo humano en ti es un cascarón que encierra lo divino en ti. Puedes hacer tu adelanto personal, y liberar la tremenda posibilidad de tu divinidad. Este es el desenvolvimiento progresivo que experimentarás a medida que practicas diligentemente identificarte como una expresión ilimitada de un Universo ilimitado.

¿Encuentras concebible que, cuando Jesús empezó a experimentar con el poder creativo de la fe, a veces fue retado aún más allá de Su capacidad para creer? ¿Te sobresaltaría considerar la posibilidad de que algo en El, los últimos vestigios de la conciencia humana, pudiera haber dicho: "No puedes sanar a este ciego. . . o proveer alimentos a esta gran multitud de gente. No sabrías cómo hacerlo"? Si te han condicionado con la idea de que Jesús fue "muy Dios", puede ser difícil para ti creer que Jesús en Su juventud tuvo las mismas dificultades básicas de crecimiento como tú las has tenido. Recuerda, Pablo dijo que Jesús fue tentado en todo, como nosotros. En otras palabras, El logró dominio por medio del desarrollo personal y la constante práctica. El dijo, en efecto, que había vencido al mundo, la carne y el diablo. ¿No sugiere claramente esto que El había tenido que superar algo, algún crecimiento personal que lograr?

El gran virtuoso del piano Paderewski una vez tocaba para un público de gente rica y de la realeza. Después de una ejecución brillante, una dama elegante estaba extática con el gran artista. Dijo: "¡Oh, Maestro, usted es un genio!" Paderewski replicó ásperamente: "¡Oh sí, señora, pero antes de ser un genio fui un patán!" Lo que quiso decir fue que la presente aclamación no fue dada a él en una bandeja de plata. El, también, una vez fue un niñito que practicaba laboriosamente sus escalas. Y aun en su cumbre, detrás de toda ejecución brillante, había incontables horas de práctica y preparación.

Una persona necesitada una vez se arrodilló ante Jesús, y dijo: "Maestro bueno". Jesús interrumpió abruptamente, diciendo: "¿Por qué me llamas bueno? Nadie es bueno, sino solo Dios" (Lc. 18:18-19). El nunca pareció perder de vista el hecho de que mientras la gente creía que El era Dios hecho hombre, El sabía que era hombre que estaba llegando a ser Dios. Dejamos de ver todo el significado de la vida de Jesús a menos que la veamos como un proceso de crecimiento y que antes de lograr la maestría de Cristo, El fue Jesús, el muchacho pensativo y curioso, que soñaba en las laderas de Galilea. El no dijo: "Soy más divino que tú. Lo que Yo hago es por designio divino, pero para ti se necesitaría un milagro". No, en efecto, El dijo que había vencido al mundo al probar el poder de la fe y la potencialidad inherente en el hombre, que si una persona cree en el fluir creativo del Universo como El ha hecho, luego esa persona puede hacer todo lo que El ha hecho. . . y mayores cosas hará.

La fe que se requiere para demostrar prosperidad no es simplemente una declaración devota. La fe es expectación. No recibes lo que quieres; no recibes por lo que oras, ni tan siquiera aquello en que dices haber puesto tu fe. Siempre recibirás lo que verdaderamente esperas. Algunas veces, después que la gente ha experimentado resultados modestos de sus esfuerzos en la oración, tal vez diga:

"¡Bueno, eso era poco más o menos lo que yo esperaba!" Quizás sólo trate de ocultar su ego herido, pero esto habla mucho acerca de su fe. ¡Cuántas personas van por la vida en esa conciencia, aguantan una taza de lata debajo del Niágara de la abundancia de Dios! Es una expectación en pequeña escala que se manifiesta usualmente en un nivel de conciencia que se caracteriza por escasez y limitación. En el mejor de los casos, es vivir marginalmente. Alguna gente hasta se prepara para lo peor para no sufrir una decepción más tarde. Y, desde luego, raras veces no la sufren. ¡Qué vida ineficaz e insípida esperan! Podríamos llamarla "a tono con lo indefinido".

Es importante saber que el proceso creativo está activo en ti siempre, no solamente cuando "tienes fe". La Mente Infinita es una actividad que trabaja en ti constantemente, no sólo cuando afirmas oraciones por curación o prosperidad. Algunas veces la gente ora en un modo que sugiere que tratan de despertar a Dios, y Le instan a hacerse cargo de Su trabajo. Pero es todo lo contrario: "Despiértate, tú que duermes" (Ef. 5:14). Eres tú el que estás dormido a tu potencialidad de Dios, que siempre está presente. A menos que comiences a comprender a Dios como principio, seguirás viviendo marginalmente. El principio universal es "antes que clamen, yo responderé" (Is. 65:24). En la gran unidad de toda vida, cuando tienes una necesidad, la contestación ya está en camino hacia ti. Antes de formular un deseo en la mente, es Dios en ti que desea. Antes de tener el impulso de hacer algo o de comenzar un proyecto, hay un movimiento del Espíritu en ti que te incita en esa dirección.

Cuando comprendes el "origen cósmico del deseo", la función de la fe cobra un significado nuevo y completo. No es cuestión de "Caramba, desearía tener suficiente fe para hacer eso". Si hay una necesidad, hay una respuesta en la Mente Infinita, y la necesidad revela que la contestación ya está en camino a ti. Por lo tanto, la fe no es una tentativa de demostrar la magia de reponerte gracias a tus propios esfuerzos. La fe es tu consentimiento. Es decir "¡Sí!" a la manifestación del proceso creativo. Puedes pensar que esto hace la fe demasiado simple. ¡Ella *es* simple! No hay nada complicado acerca de ella. Ella trata con una fuerza inexorable, como prender una luz. Ella es simple, pero no es fácil. Se requiere una disciplina en la conciencia y el compromiso de practicar la Presencia constantemente. Sin embargo, la verdad es: la fe dice "¡Sí!"

El mensaje entusiástico de la Verdad es que puedes tener todo lo que deseas. Es un concepto que suscita la mar de expectaciones falsas y ocasiona muchas objeciones. Puedes decir: "Ciertamente he deseado muchas cosas que no se han realizado". Pero no hemos escuchado realmente nuestros deseos, porque nuestra conciencia se centra demasiado a menudo en los apetitos de los sentidos y los deseos codiciosos. Un deseo verdadero no es *tener*, sino *ser*. En potencialidad, somos criaturas perfectas, y el propósito verdadero del deseo es desarrollar esa perfección, llegar a ser lo que podemos ser. Como Goethe dice: "El deseo es el presentimiento de nuestras habilidades internas, y el precursor de nuestros logros supremos".

Desafortunadamente, algunas enseñanzas de prosperidad del Nuevo Pensamiento se han centrado no en perfección y bienestar espiritual, sino en el tipo más craso de materialidad. La promesa de "todas las cosas son posibles" se enfrenta al codicioso destello de los signos del dólar en los ojos. Se ofrecen técnicas para "dar un tratamiento espiritual" —activar los principios— para un empleo de gran potencia, una lujosa casa de campo, un automóvil extranjero y caro. "Sólo da un tratamiento para ello, y lo conseguirás."

Una señora dijo recientemente: "Dios quiere que yo use piel de visón; después de todo, soy la hija de un rey". Esto es una racionalización común y materialista. El hecho es que Dios no quiere que uses piel de visón; Dios quiere que seas una persona de visión. El deseo impetuoso y materialista de llevar piel de visón puede surgir de un sentido de insuficiencia personal, una falta de visión espiritual. El proceso creativo busca expresarse en ti como una persona estable, bien equilibrada y próspera. Como puedes ver, la prosperidad es bienestar espiritual.

Con esto no quiero decir que no puedes tener cosas magníficas, porque puedes y debes tenerlas. Cuando tienes una conciencia equilibrada, centrada en la substancia divina que siempre está presente, las cosas llegarán fácilmente según las necesites. Es cuestión de prioridades: "Buscad primeramente el reino" (Mt. 6:33). En otras palabras, el primer paso no debe ser orar por cosas, sino centrarte en el fluir divino. Dios no conoce nada de autos, o empleos, o abrigos de pieles, o casas de campo. Dios es substancia. Y esta substancia fluirá en tu vida en armonía con tu conciencia de perfección.

El peligro de trabajar constantemente para demostrar cosas, lo cual el ingenuo estudiante de metafísica se inclina a querer hacer, es que uno tiende a volverse un "hipocondríaco económico". Hay siempre algo más para demostrar. Las revistas y catálogos están llenos de retratos atractivos que despiertan los sentimientos codiciosos de uno. Con qué facilidad las cosas pueden dominar la vida de uno —el trabajo de obtenerlas, el esfuerzo por cuidarlas, la necesidad de comprar seguro para protegerlas. Así continúa sin cesar. Y siempre hay algo más que desear vivamente. Después de todo, esto es lo que se supone que la prosperidad signifique. ¿O no es así?

A los estudiantes les encanta hablar sobre las demostraciones de prosperidad que han tenido. Sin embargo, esto conlleva cierta tristeza, porque implica que hay un vacío y una desesperada tentativa de llenarlo. Por tanto, la persona hace innumerables demostraciones de prosperidad y, aun así, nunca encuentra prosperidad, nunca siente plenitud en el Espíritu. El ideal místico, que perdemos de vista tan a menudo, es verdaderamente muy simple: desarrolla la conciencia de la siempre presente substancia y extiende tu fe hasta la estabilidad de tu perfección interna. Las cosas llegarán también, y en abundancia. Mas ellas surgirán debido a la *extensión* de tu conciencia y no a *expensas* de ella.

La fe es realmente tu consentimiento para dejar que tu propia originalidad, o manera única, se desenvuelva y permitir que se manifieste en tu vida lo que tu originalidad atrae. Por tanto, cuando Jesús dijo: "Al que cree todo le es posible" (Mr. 9:23), no dijo que un cisne puede llegar a ser un pato, o que una persona que no tiene vocación para la música puede llegar a ser un pianista de concierto. No puedes llegar a ser algo que no es la expresión de tu potencialidad interna. Tú sólo puedes *ser* tú. Sin embargo, puedes desarrollar más de ese *tú* que puede haber estado frustrado por mucho tiempo.

Bajo una influencia codiciosa mucha gente trata de "llegar a ser como él o ella" o "tener lo que él o ella tiene". Pero si, por medio de la dinámica de la mente, logras aquello que no es la expresión de tu originalidad, puedes perder aun cuando ganes. Como con el problema en la cirugía de trasplante donde el "síndrome de rechazo" no deja que el tejido se afiance, así no puedes tú asirte de aquello que no ha surgido de tu propia norma, o experimentarlo plenamente. Lo importante es conocerte a ti mismo, tener fe en el proceso cósmico que se desenvolverá en ti como la fuerza vital se desenvuelve en el lirio del campo que no trabaja ni hila, y "ni aun Salomón con toda su gloria se vistió así como uno de ellos" (Mt. 6:29).

Ahora bien, habiendo dicho todo eso, volvamos a enfatizar la Verdad de que puedes crecer, mejorar, prosperar y tener éxito, si puedes creer. Cuando dices "¡Sí!" al fluir creativo en ti, empiezas a experimentar las actitudes de "soy positivo y puedo hacerlo", que estimulan el poder y las destrezas necesarias para realizar algo. Cuando crees que puedes hacerlo, el modo de hacerlo se desarrolla. Esta es la manera en la cual el proceso creativo en el individuo trabaja. Por otra parte, la incredulidad es un poder negativo que frustra o desalienta tu potencialidad interna. Si dudas algo suficientemente, la mente atraerá toda clase de razones para apoyar la incredulidad.

En su obra clásica, *Viento, arena y estrellas*, Saint-Exupery cuenta la historia de un piloto que fue derribado en una región de los Andes escabrosa y bloqueada por la nieve. El caminó con mucho esfuerzo a través de la nieve por días, sólo para hallar que su camino estaba bloqueado sin esperanza por una profunda grieta en el hielo. El concluyó rápidamente que tenía tres alternativas: (1) desistir y morir expuesto a los elementos (2) tratar de saltar a través de la grieta, sabiendo muy bien que era imposible hacerlo, o (3) convencerse a sí mismo de que podía saltar a través de la grieta y hacer la tentativa debido a esta convicción. Cuando se considera bajo esta clase de lógica, la selección estuvo clara. Por lo tanto, se alejó retrocediendo unas pocas yardas, cerró los ojos en un momento de comunión interna, luego gritando fuertemente: "¡Yo puedo! ¡Yo puedo!" corrió, saltó y apenas se puso a salvo al otro lado. Bajando con dificultud por la montaña, fue encontrado y salvado finalmente.

Ahora bien, la fe no fue un puente mágico. Esto no fue un milagro de Dios que levantó y puso su cuerpo al otro lado. Lo que el hombre hizo fue logrado por la concentración de su mente y el esfuerzo especial de sus músculos. Pero su actitud creedora liberó un fluir de energía de su potencialidad divina interna. Hay muchas historias de aparentes proezas superhumanas logradas bajo un estrés emocional. Estamos muy propensos a llamarlas milagros. Cuánto más está de acuerdo con el ideal de la divinidad del hombre saber que es simplemente cuestión de *abrir un camino de dónde el encerrado esplendor pueda escapar.* Y como Jesús prometió: "Las obras que yo hago, él también las hará; y aun mayores hará" (Jn. 14:12) *si puedes creer.*

Tal vez examines tu situación hoy respecto de tus necesidades financieras, o tu situación de empleo, obsesionado con los problemas de inflación, tipos de interés restrictivos, o la amenaza de una depresión agobiante. Quizás estés desalentado totalmente, o acaso continúes con poco entusiasmo pensando, ¿qué voy a hacer?, así es como están las cosas. Pero hay mucho que puedes hacer. No tienes que vivir al margen. Puedes lograr prosperidad, si puedes creer en la totalidad de la substancia de Dios —siempre presente y toda suficiente— que puede enfrentar abundantemente toda necesidad en tu vida. La potencialidad de utilizar el fluir del Universo es la ley de tu ser. Lo mismo que dar un movimiento rápido al conmutador prende la luz en virtud de la ley de electricidad, así tu fe libera el poder para triunfar a causa de la ley del Espíritu en ti.

No se requieren milagros. Es la manera que has sido creado. Eres un ser espiritual rico y creativo. Nunca puedes ser menos de eso. Puedes frustrar tu potencialidad e identificarte con menos de lo que *puedes* ser. Pero hay en ti, ahora y siempre, la posibilidad no nacida aún de una experiencia ilimitada de estabilidad interna y tesoro externo, y es tuyo el privilegio de dar lugar a ella. Y lo harás, si puedes creer.

CAPÍTULO 5

El corazón agradecido

¿Qué es lo más importante que posees? Condicionada a los valores materiales, tu mente podría empezar a considerar la relativa utilidad de las cosas. Sin embargo, si buscas cuidadosamente en ti, puedes llegar a comprender que lo más importante que posees es el dominio consciente de tu vida. Nada más puede satisfacer u ofrecerte cumplimiento a menos que disfrutes la libertad que llega de controlar el mundo interno de la mente y las emociones.

> Oh, mientras yo viva, ser el soberano de la vida, no esclavo, enfrentar la vida como un conquistador poderoso, y nada externo tomará jamás el mando de mí.
>
> —*Walt Whitman*

Aun así, permitimos que los sucesos, la gente, las cosas y las condiciones económicas ejerzan dominio sobre nosotros. Nota, por ejemplo, cómo muchas personas se han vuelto esclavas de las fluctuaciones locas de la economía. Pregúntales cómo se sienten y muy bien podrían decir: "Podré decirte después que lea el rendimiento de la bolsa de valores", o ". . . después de saber lo que mi contable propone". ¡Cómo nos manipulan las condiciones y valores mundanos!

A un hombre le dijo su doctor que sólo le quedaban seis meses de vida. ¡Un descubrimiento conmovedor de una condición incurable! Uno esperaría que él tuviera un colapso emocional. Pero este hombre no lo tuvo. La mañana siguiente se presentó a su trabajo como de costumbre. Sus compañeros de trabajo se conmovieron al oír la opinión del médico. Rodearon al hombre y se compadecieron de él mórbidamente. Alguien preguntó: "¿Qué harás?" Su respuesta: "Haré lo que siempre he hecho: vivir con un corazón agradecido, un día a la vez". Y él pudo estar agradecido por el "ahora" de la vida.

En realidad, esta crisis sucedió hace más de diez años, y el hombre de quien hablamos está vivito y coleando, aún vive un día a la vez con un corazón verdaderamente agradecido. No es necesariamente que la diagnosis fuera errónea. Tal vez esto sea un testimonio más de la influencia sanadora de una vida controlada y sostenida por una actitud de agradecimiento. Lo importante es que esos diez años han sido creativos, no una triste existencia en espera de la muerte. Uno podría decir: "Bueno, ahora él al menos tiene algo por qué estar agradecido. ¿Qué tenía él hace diez años?" Pero esto no es comprender el verdadero sentido de su demostración. Lo que su vida controlada ha probado es que la gratitud no es solamente una emoción reaccionaria; es una energía causante. Es una llave efectiva con la cual cualquier persona puede "enfrentar la vida como un conquistador poderoso".

Consideremos esta clave como un elemento importante, aunque la pasamos por alto usualmente, en el proceso de lograr prosperidad. Pero primero, un punto de aclaración: por lo general, consideramos la gratitud y el agradecimiento a base de obligación. Por ejemplo, alguien hace algo por nosotros y nos sentimos obligados a mostrar alguna clase de agradecimiento. Por tradición, los devotos fanáticos insistirían en que estemos agradecidos a Dios por todas nuestras bendiciones. Todo eso está bien. Debemos estar agradecidos. Es una gracia social importante. Aún más, es un requisito muy importante para la buena salud.

Ahora sabes cómo la gente reacciona si no estás agradecido, pero ¿qué hay en cuanto a Dios? ¿Perturbará a Dios el que no devuelvas las gracias? ¿Dirá Dios de ti: "Qué ingrato"? El hecho es que no importa a Dios si das gracias o no. Pero sí te importa a ti. Dios es demasiado universal y poderoso para depender de tu reconocimiento por las mercedes recibidas. Meister Eckhart probablemente chocó a sus colegas en los tiempos medievales cuando dijo: "Nunca doy gracias a Dios por amarme, porque El no puede menos que amarme; ya pueda amarme o no, Su naturaleza es hacerlo". Como puedes ver, la gratitud no es para Dios. No tienes la obligación de dar gracias a Dios por tu vida, empleo y prosperidad. Sin embargo, dar gracias es un estado de conciencia importante que te mantiene consciente de tu unidad con el fluir divino. Cuando comprendes esto, ves que un corazón agradecido no necesita algo por lo cual estar agradecido. Uno puede estar agradecido con la misma espontaneidad como ser feliz. La gratitud sencillamente fluye desde nuestro interior y se vuelve energía causante.

Pablo dio cierto consejo que ha sido enigmático para muchas personas. El dijo, en efecto: "Dad gracias en todo". ¡Todo! ¿Es esto práctico?, ¿aun posible? ¿Puedes tener agradecimiento por la inflación que roba constantemente el valor de tu dinero? ¿Puedes dar gracias por los costos que se mueven en espiral, los exorbitantes tipos de interés, las crisis financieras personales? Y, ¿cómo puedes dar gracias por carencia y desempleo? No tienes que hacerlo. De acuerdo con la ley de la conciencia, estas condiciones se manifiestan en tu vida porque de alguna manera subconsciente y sutil tú frustras el fluir divino.

Examinemos de nuevo la declaración enigmática de Pablo. Observa que él no dice: "Dad gracias *por* todo". En la religión de antaño, si tenías pantalones con remiendos, debías dar gracias por esos pantalones, sus remiendos y todo. La pobreza era una gracia. Se nos decía: "Da gracias por lo poco que tienes hoy, porque tendrás abundancia más tarde". En otras palabras, tendrás gran recompensa en el cielo por ser paciente en tu pobreza hoy. Esta es una doctrina que ha tenido una influencia trágica y represiva en millones de personas a través de las edades en la historia cristiana.

Lo que dice Pablo es: "Dad gracias *en* todo". En otras palabras, a pesar de los problemas de escasez, o hasta a causa de ellos, lo necesario es volverte a centrar en la conciencia de la siempre presente substancia. Y la manera más eficaz de lograr esto es dar gracias. Pablo recalca la importancia del corazón agradecido, no simplemente una expresión de gratitud por cosas, sino un corazón que es agradecido, un corazón lleno de grandeza. El hombre que le quedaban seis meses de vida tal vez haya tenido poco por lo cual estar agradecido. Mas tuvo agradecimiento porque había tenido una gran reserva de fe *de* la cual dar gracias. Este discernimiento del corazón agradecido es una llave dinámica para la prosperidad personal.

Lo que acabamos de mencionar es un ideal cósmico que ha sido captado y enseñado por maestros místicos en todas las edades. Tal vez nadie lo haya articulado mejor que Platón, que dijo hace más de 2500 años: "Una mente agradecida es una gran mente que a la larga atrae a sí misma grandes cosas". ¡Un discernimiento extraordinario! La persona agradecida es grande porque él o ella ha encendido todas las luces de su ser. Acaso digas de alguien: "El tiene tanto, y es una persona muy agradecida". Pero por la "ley de Platón", puede ser que tenga tanto *porque* es una persona muy agradecida. El corazón agradecido realmente abre el camino al fluir y se vuelve una fuerza atractiva para atraer a sí grandes cosas.

Una pareja inglesa visitaba la ciudad de Nueva York por primera vez. Ellos llegaron con alguna aprensión porque habían sido condicionados con una visión de una ciudad sórdida y dominada por el crimen. Su anfitrión sabiamente los llevó primero a un piso de observación en uno de los edificios más altos de la ciudad, de modo que pudieran tener desde lo alto una vista general de la ciudad. Era un día hermoso y claro, y podían ver hasta donde alcanza la vista. Los visitantes estaban encantados y sorprendidos, y esto les dio una reacción inicial muy positiva. Más tarde, en un recorrido de la ciudad, el hombre expresó que no podía olvidar esa vista desde lo alto. Permanecieron en la ciudad durante toda una semana y se fueron cantando alabanzas al "lugar más encantador, amigable y mejor que hemos visitado". Todo se debió a la perspectiva inicial y de alto nivel.

Un discernimiento poderoso que debemos tener en la vida: siempre mira el panorama desde lo alto. Antes de reaccionar negativamente a la gente, las condiciones, o situaciones, toma un momento para levantar los ojos a las montañas. Contempla todas las experiencias cambiantes y retadoras desde el punto de vista más alto posible. A pesar de los aparentes conflictos o limitaciones, ve todo desde una conciencia de la totalidad de la vida y de la substancia siempre presente. De la vista desde lo alto, verás todo creativamente, y esto te llevará a una actitud constructiva y optimista.

Hay un viejo refrán que dice que un mono puede llevar a cuestas una carga pesada de sándalo y nunca saber su valor —sólo su peso. Tú puedes ir por la vida sintiendo sólo el peso de las circunstancias y nunca poder apreciar la naturaleza preciosa de la vida. En contraste al panorama desde el edificio alto, es ver la ciudad desde su cloaca. Con la cabeza inclinada y los ojos fijos en la tierra, percibes un mundo de carencia y limitación, y atraes desórdenes financieros. Qué grande es la necesidad de tener un corazón agradecido el cual atraerá a sí grandes cosas.

Algunas personas, comprendiendo la importancia de un corazón agradecido, comienzan a buscar cosas por las cuales dar gracias. Sin embargo, ellas empiezan equivocadamente con la perspectiva de insuficiencia, y así simplemente se vuelven más conscientes de limitaciones. El resultado es que, en vez de contar sus bendiciones, cuentan sus envidias: "El es tan talentoso"; "Ella tiene tantas cosas bellas"; o "Desearía tener una casa hermosa como ellos tienen". Como resultado de este proceso muy sutil, las personas desarrollan, paradójicamente, "corazones desagradecidos".

Orar por prosperidad con un sentido de queja o desaliento es agravar efectivamente el problema. Puedes orar para mejorar las condiciones financieras, pero si te sientes pobre, tu sentimiento es la conciencia que proyectarás. El corazón agradecido atrae grandes cosas. El corazón ingrato —un nivel de pensamiento de desaliento, queja y codicia— atraerá limitación.

Teodoro Roosevelt solía decir: "Haz lo que puedes con lo que tienes ahí mismo donde estás". Por tanto, empieza, no con una resistencia sutil por lo que no tienes, sino con lo que tienes —un empleo, sin importar lo inadecuado que sea; algún dinero, aun cuando sólo te quede un centavo en el bolsillo. Mira el panorama desde la cumbre. Recuerda que en la Verdad hay abundancia en todas partes, por tanto, da gracias. Con esto no quiero decir que debes dar gracias por un empleo que es desagradable o por el último centavo si tu provisión es totalmente inadecuada. Esto sería engañarte a ti mismo y ser deshonesto intelectualmente. Mucha gente está confusa en este punto al no comprender la declaración de Pablo: "Dando siempre gracias por todo" (Ef. 5:20). El empleo no es un símbolo de infortunio, y el centavo no es símbolo de escasez. Ambos son evidencia de la actividad del Espíritu que se manifiesta en parte. Por tanto, da gracias, no *por* estas cosas, sino *desde* la conciencia de que siempre hay suficiencia para todo aun en la insuficiencia.

El ejemplo clásico de este principio es el relato en el evangelio sobre Jesús al tratar con cinco mil personas que tenían hambre. Los discípulos informaron que la única provisión que podían encontrar a la mano era el almuerzo de un niño que consistía de cinco panes y dos pescados, algo obviamente inadecuado para satisfacer la necesidad. Jesús, comenzando con lo que ellos tenían, tomó en Sus manos el almuerzo del niño "levantó los ojos al cielo" (Lc. 9:16) y dio gracias. Esto no era llegar a Dios, porque Él había dicho claramente una vez que el reino del cielo está dentro de ti. Rechazaba la apariencia de carencia y miraba el panorama desde la cumbre. De nuevo, Él no dio gracias *por* el almuerzo inadecuado. No, dio gracias *desde* una elevada conciencia, o la presencia de abundancia como sugerían visualmente los panes y pescados. No había suficiente pan, pero *había* suficiente substancia, porque toda la substancia divina está presente enteramente en todo punto en el espacio. ¡Cuán rápidamente nos olvidamos de esto!

Después, Jesús hizo algo extraño: *bendijo* el alimento disponible. Este poder de bendecir no está reservado para los lugares sagrados, o para personas ordenadas especialmente. Es un acto de tremendo poder que puede ser usado por cualquier persona. Para encontrar lo extremadamente apropiado que fue para Jesús bendecir el almuerzo del niño, consulta el diccionario. Encontrarás que la palabra quiere decir "colmar de bienes a uno la Providencia; hacerlo prosperar". Estás proyectando siempre alguna clase de pensamiento hacia todo lo que tienes o guardas. Algunas veces el pensamiento es negativo, limitativo, restrictivo. Pero puedes bendecir tu hogar, empleo, o provisión de dinero, y así conferir una conciencia de abundancia sobre ellos. No es algo que *haces* a ellos.

Más bien, es una corrección de la mentalidad que proyectas a ellos. Y la ley es que todo se vuelve para ti como lo ves. Por tanto, Jesús bendijo el alimento, y éste fue distribuido a la gente con tal abundancia que sobró y se llenaron doce cestas. De hecho, una asombrosa demostración, si no increíble.

Puedes haberte preguntado siempre y secretamente cómo esa proeza se llevó a cabo. Se explica, por lo general, como un "milagro de Dios". Sin embargo, ya hemos establecido el punto de vista de que Dios no se ocupa en milagros, sino en el cumplimiento ordenado de la ley divina. Esto no pone en duda la validez de la historia, sólo insistimos en que cualquiera que sea el proceso, debemos repetirlo. Estamos dispuestos a aceptar perfectamente como ley universal el proceso de aumento ilimitado de substancia que procede de un fluir divino y está bajo la influencia de la conciencia de Dios. Sin embargo, alguna gente tal vez necesite creer que Dios trabaja por medio de manos humanas.

Un erudito de la Biblia, el Dr. Jorge Lamsa, ofrece una conjetura interesante. El sugiere la posibilidad de que algunos mercaderes de pueblos circundantes, que no podían unirse a la multitud para esta experiencia trascendente con el Maestro, decidieron combinar sus recursos y enviar una gran cantidad de provisiones en camellos para el almuerzo de mediodía, como su obsequio a la gran obra de Jesús. Y este obsequio de alimentos, que no fue solicitado, llegó en el momento preciso en que Jesús bendecía el almuerzo del niño. Esto, desde luego, es muy creíble. Ciertamente, cuando oras por abundancia en algún momento de necesidad, no esperas que a la puerta de entrada de tu casa se pongan sacos llenos de oro. Anticiparías que la contestación llegara como un aumento de salario, o una ganancia adicional en inversiones, y así sucesivamente. El Dr. Lamsa ha contestado satisfactoriamente muchísimas preguntas que atacan la blasfemia de su explicación racional al replicar con una simple pregunta: "El relato del Evangelio dice claramente que sobraron doce cestas llenas de alimento. ¿De dónde llegaron esas doce cestas?" Desde luego, no hay contestación.

No nos envolvamos demasiado en la mecánica del proceso. Lo importante es la evidencia que tenemos: "Levantó los ojos al cielo" (Lc. 9:16) y dio gracias. En ese momento de gratitud, él se volvió supremo y finalmente atrajo a Sí mismo grandes cosas. El corazón agradecido siempre atraerá a sí de una manera u otra, por medio de manos humanas o modos asombrosos, las grandes cosas necesarias para resolver una situación particular. Puedes estar seguro de esto.

Un misionero en Africa ha relatado la historia de su trabajo con una tribu que era enigmáticamente indigente, aunque otras tribus en la misma región eran relativamente prósperas. El estaba curioso acerca de este fenómeno extraño. Pasó años investigando todos los aspectos de su cultura y descubrió una posibilidad: en la lengua de su tribu no existía ninguna palabra con la cual expresar gratitud. Quizás, debido a alguna peculiaridad en la evolución, habían olvidado a decir gracias. El no llegó a ninguna conclusión, pero se hizo esta pregunta: ¿Podría ser que esa pérdida del espíritu de agradecimiento fuera responsable de su pobreza? Es una posibilidad interesante y reveladora. Podríamos hacernos esa misma pregunta a nosotros mismos: ¿Podría ser que nuestros problemas financieros fueran el resultado de la pérdida, aun temporalmente, de un corazón agradecido?

Alguna gente podría protestar: "Pero usted no comprende mi situación, ¿cómo puedo estar agradecido en mi dilema financiero?" ¡Este es precisamente el momento de avivar el don de la gratitud! Recuerda, la gratitud no es una emoción reaccionaria, sino una energía causante. No necesitas tener algo por lo cual estar agradecido. Sólo necesitas el deseo de sentir gratitud. Invoca la ley de Platón: cuando te sientes agradecido, te vuelves superior, y finalmente atraes grandes cosas. El misionero casi concluye que nos volvemos ricos al dar gracias, y nos volvemos pobres al perder el espíritu de la gratitud.

George Bernard Shaw dijo una vez: "Dios nos ha dado un mundo que sólo nuestra propia locura impide que sea un paraíso". En otras palabras, vivimos en un mundo que siempre tiene la potencialidad de afluencia. Toda la substancia del Universo, toda la riqueza que se ha manifestado o que se manifestará en este mundo, está presente ahora mismo. Es por esto que Jesús dijo: "Yo he venido para que tengan vida, y para que la tengan en abundancia"

(Jn. 10:10). El quiere decir una vida que es espléndida y realizada —saludable, próspera, amorosa. Sólo nuestra falta de percepción, la carencia de un corazón agradecido, nos impide tenerla. Podemos elegir ser grandes o pequeños. Cuando tenemos gratitud, somos grandes. Cuando descuidamos la expresión de gratitud, nos volvemos gente pequeña con pequeñas mentes, y llevamos vidas pequeñas, sin trascendencia.

El hombre con seis meses de vida pudo vivir agradecidamente porque había aprendido a vivir fundamentalmente. Puedes hablar e inquietarte sobre los años que están adelante y hacer planes para ellos, pero fundamentalmente sólo tienes un día. Como dice Carlisle: "El día de hoy puede ser para ti una fiesta, una canción triste y lamentable, o una marcha llena de vida, como desees". Es tu día. Tienes vida en él. No debes preguntarte lo que el día traerá. Es una oportunidad que se desenvuelve, una oportunidad para expresar y crecer. Vives para expresar, y el crecimiento es lo principal, lo importante. De toda la gente en todos los tiempos, nadie tiene mayor motivo para dar gracias que tú.

Ahora mismo dedica un momento a experimentar gratitud. Cierra el libro y los ojos y *siente* agradecimiento. No busques en lo externo razones para dar gracias. Recuerda, la gratitud nos es una reacción emocional a las bendiciones que puedes contar; ella es una energía que avivas en ti que es causal. Resiste la tentación de entregarte a tales pensamientos como: estaría agradecido si recibiera esa promoción y aumento de salario. No establezcas condiciones, no pienses o digas: "Si eso sucediera", o "Cuando eso suceda". Solamente *siente* gratitud. Deja que el espíritu de acción de gracias inunde todo tu ser con su sanadora calidez.

De acuerdo con la ley de Platón, si te sientes agradecido, te vuelves atractivo, no sólo en tu hermosura y resplandor, sino en tus relaciones con la gente. Más importante aun, liberas energía vital que atrae a ti oportunidades, empleo y un fluir seguro de substancia. Todo comienza a trabajar en tu vida de manera ordenada y creativa. Puedes estar tan inspirado con el gozo de dar gracias que tu conciencia fácilmente da rienda suelta a la actividad de bendecir. Con gratitud en el corazón, puedes *conferir prosperidad a* todas las muchas cosas, experiencias y personas que tienen una influencia profunda en tu vida. Bendice el auto que manejas o el autobús o tren en que viajas. Bendice el tiempo y el tránsito. Bendice tu negocio o empleo. Bendice tu jefe y tus compañeros de trabajo. Bendice tus inversiones y el fluir de tu dinero efectivo. Bendice tu hogar y familia, tus amistades y vecinos. Ahora bien, la bendición no ejerce un poder mágico sobre esa gente, esas condiciones o cosas. De hecho, no las cambia de ninguna manera; ella te cambia a ti, cambia tus pensamientos y sentimientos, y la conciencia que proyectas a tu mundo.

Charles Fillmore dice:

"Dios es la fuente de una corriente de substancia poderosa, y tú eres un tributario de esa corriente, un cauce de expresión. Bendecir la substancia aumenta su fluir. Si tu provisión de dinero es escasa, o tu cartera parece vacía, tómala en las manos y bendícela. Mírala llena de substancia viviente y lista para manifestarse. Al preparar tus comidas, bendice el alimento con el pensamiento de substancia espiritual. Cuando te vistas, bendice tu ropa y date cuenta de que eres vestido constantemente con la substancia de Dios . . . Cuanto más consciente estés de la presencia de la substancia viviente, más se manifestará para ti y más abundante será el bien común de todos . . . Identifícate con la substancia . . . y pronto empezarás a regocijarte en la siempre presente abundancia de Dios".

Mantén vivo el compromiso de mirar la vida desde la cumbre. Sosténte centrado en el sentimiento de dar gracias. No es sólo estar agradecido por amistades amorosas, afluencia de cosas maravillosas y orden divino en todo lo que sucede en tu vida. Es mucho más. Estás agradecido desde la raíz de la realidad que esas cosas evidencian. Tu gratitud es más que una reacción a lo que sucede a tu alrededor o a ti. Ella es una celebración de la Verdad, que se vuelve una seguridad causal de una continuidad de bendiciones y conduce hacia la prosperidad para ti.

CAPÍTULO 6

El trabajo y el síndrome del éxito

Cuando Jesús dijo: "Y conoceréis la verdad y la verdad os hará libres" (Jn. 8:32), implica que la aceptación de creencias erróneas es la causa de nuestra esclavitud en la vida. El filósofo griego, Zenón, dice: "La parte más importante del aprendizaje es desaprender nuestros errores". En el estudio de la economía espiritual, nada es más básico, o abunda más en creencias equivocadas que nuestras actitudes hacia el trabajo.

¿Por qué trabajas? Puedes sonreírte ante esta pregunta, porque parece perfectamente obvio que todo el mundo trabaja para ganarse la vida. Sin embargo, si ésta es la única razón que puedes dar, entonces ella es uno de los errores que necesitamos desaprender, una actitud que bien puede frustrar el fluir creativo en ti.

¿Qué obtienes de tu trabajo? Si respondes en términos de cifras de salario, beneficios suplementarios y corporativos, entonces te están pagando un sueldo insuficiente. No es que tu jefe te compense inadecuadamente. Esto es otra cosa. A lo que nos referimos es que por la evidencia de tu estrechez de visión, te engañas a ti mismo.

Tu prosperidad siempre será un reflejo de tu conciencia, el grado al cual tus pensamientos están centrados en el fluir divino. Pasas la mayor parte de tu vida ocupado en alguna clase de empleo remunerativo; por tanto, si tus actitudes sobre el trabajo en general y tu empleo en particular no son correctas, luego en realidad trabajas en contra de ti mismo. Puedes tratar diligentemente de demostrar prosperidad, pero a menos que desaprendas tus pensamientos erróneos sobre el trabajo, nunca estarás en armonía con el fluir creativo del Universo.

El educador alemán, Friedrich Fröbel, nos dio un sentido alentador y positivo del proceso cósmico activo en el individuo. Qué bueno sería si su ideal sobre el trabajo pudiera ser enfatizado en el sistema educativo de hoy día:

"La engañosa idea de que la gente se afana y trabaja meramente por preservar su cuerpo y obtener para sí alimentos, casas y ropa, es degradante, y no debe ser alentada. El verdadero origen de la actividad y creatividad del hombre se encuentra en su creciente impulso de expresar en lo externo el elemento divino y espiritual en su interior".

Lo antedicho es un discernimiento formidable. ¿Qué ocurriría si nuestra juventud pudiera ir al trabajo de sus vidas condicionada por esta conciencia?

El trabajo es un proceso dador, y todo trabajador debe considerarlo así. Jesús dijo: "No sepa tu (mano) izquierda lo que hace tu derecha. . ." (Mt. 6:3). En otras palabras, no caigas en el error de igualar lo que ganas con el trabajo que haces. Cuán fácil y, sin embargo, cuán erróneo es dejarnos influir por el síndrome de "un día más, un dólar más". Deja que tu trabajo, no importa lo que envuelva, sea el resultado del fluir creativo, y participas en él por el puro gozo de realizar tu naturaleza divina. Prosperarás, y debes hacerlo, pero no será porque has "hecho dinero" en tu empleo. El trabajo en el empleo es el medio por el cual levantas la conciencia de dar, que en cambio ocasiona un resultado, o un fluir que recibes. Es una distinción sutil, mas importante en extremo. Si la mano izquierda (recibir tu sueldo) sabe lo que la mano derecha hace (el trabajo de tu empleo), luego no das verdaderamente, sólo intercambias. Esto es "vender tu alma por un plato de lentejas". Todos los elementos necesarios para que se cumpla la ley de prosperidad faltan para ti.

Un distinguido profesor de la Universidad de Harvard una vez dijo: "La universidad me paga por hacer lo que con gusto haría por nada, si pudiera darme ese lujo". La mayor parte de las personas se reirían de su ingenuidad. Sin embargo, lo que él quiere decir es que su trabajo no es sólo un lugar donde se gana la vida aburridamente, sino un lugar que le brinda la oportunidad de crecer gozosamente. En otras palabras, él mira su trabajo como profesor en términos del privilegio que le ofrece de crecer como persona. Y el crecimiento es lo importante en la vida . . . no solamente los cheques de pago y beneficios suplementarios, sino el crecimiento. Es probablemente cierto que el mejor modo de ganarse la vida es "hecho" por aquellos trabajadores cuya motivación principal es darse por completo al trabajo de sus vidas.

Es triste, pero cierto que el profesor es poco común, porque uno de los mayores problemas en el mundo occidental hoy día es "la gran depresión de las actitudes de los trabajadores". Ha habido una erosión constante en la ética de trabajo de otros tiempos, y esto conduce a una pérdida del sentido de trabajo que se hace en el contexto de la persona en su totalidad. Por tanto, podemos ver en todas partes grandes muchedumbres que van cada día a un trabajo que es fatigoso, un proceso de emplear el tiempo que es vacío y no tiene sentido. Se da poco fuera de lo requerido, y se recibe poco fuera del salario contratado. Pueden haber tres razones para esta depresión en las actitudes hacia el trabajo:

1. La creciente tendencia hacia la especialización a través de la computarización y la producción automatizada, donde poca gente hace un trabajo completo del que puede sentirse satisfecha. Disminuyen rápidamente las oportunidades de trabajar en lugares

donde puedes comenzar con materiales básicos y crear algo acerca del cual puedes decir con satisfacción: "¡Mira lo que hice!"

2. Los valores cambiantes de la sociedad donde el "buen empleo" ha venido a querer decir un alto salario. Esto hace que las personas cambien continuamente de empleo para tener un empleo que pague más dinero. A menudo las personas dejan empleos que a ellas les gustan por obtener un empleo que paga más, pero que realmente no les gusta.

3. La cultura materialista y loca por artefactos que considera como necesidades las cosas más y más caras, que requiere más y más dinero y un empleo para ganarlo. Esto ha llevado al trabajador a tener dos o más empleos a la vez en los que trabaja a todas horas para tratar de mantenerse al día con el nivel de vida.

Tener un empleo que nada tiene que ver con la persona íntegra y total es un proceso doloroso en el cual se participa "con el sudor de la frente". Existe la tendencia de soportar nuestro trabajo casi como si fuera una cadena perpetua de la cual podemos jubilarnos finalmente, como tiempo libre, por buena conducta. En verdad, esta confusión en las actitudes sobre el trabajo ocasiona toda clase de colapsos: colapso de empleo, en las finanzas y aun físicos.

La gente que trabaja en la oficina de personal a menudo se refiere a los individuos que solicitan empleos como si ellos entraran en el "mercado laboral", es decir, como si ellos se vendieran y vendieran sus servicios a cambio de los medios para existir. Y algunas personas tal vez describan un empleo que han tomado sólo para manejárselas: "Me da para vivir". En esta conciencia, eso realmente no es vivir. Sería más acertado caracterizarlo como una existencia monótona y gris. Y en el proceso de ese tipo de existencia, esas personas no solamente tienen sentimientos sutiles de frustración y resentimiento, sino que cortan el fluir creativo tan eficazmente como si se pusieran una goma elástica alrededor de un dedo. Sencillamente no hay manera en que la gente pueda cambiar su vida de la indigencia a la afluencia, hasta cambiar algunos de sus subyacentes pensamientos y sentimientos sobre el trabajo.

Un triste espectáculo que se ve con demasiada frecuencia es cuando los empleados se las arreglan para obtener un cheque de pago por el cual han hecho lo menos que pueden. Ellos crean toda clase de frustraciones ocultas por las cuales tendrán que pagar su precio, porque hay una ley espiritual envuelta. Ellos tal vez crean que se saldrán con la suya al ser descuidados en su trabajo, al trampear en sus hojas de horas trabajadas y al llamar para decir que están enfermos para tener un día libre. Y puede que se salgan *con* la suya, mas nunca pueden salir *de* su nivel de conciencia que les motiva a hacer tales cosas. Al fin y al cabo, tendrán que "sufrir las consecuencias", porque la ley espiritual es inexorable. La vida es un proceso de crecimiento, y crecemos al dar. Por tanto, no importa la circunstancia que sea, si hacemos menos de lo mejor en cualquier trabajo que estemos desempeñando, no importa cuál sea el reconocimiento o recompensa, vamos acumulando lo que los orientales podrían llamar "un mal karma". Quizás nos hagamos esta pregunta, ¿qué le pasa a mi vida?, ¿por qué no puedo demostrar prosperidad? La respuesta es: "¡Tu conciencia!" "Porque a cualquiera que tiene, se le dará . . . pero al que no tiene, aun lo que tiene le será quitado" (Mt. 13:12). Esta es ley fundamental. No hay manera de poder demostrar prosperidad fuera de la ley de conciencia.

Tal vez protestes: "Pero, ¡yo hago todo lo que mi empleo requiere!" Sin embargo, el trabajo debe ser una experiencia de crecimiento. Si no creces en el proceso de hacer tu trabajo, entonces algo anda mal. Kahlil Gibran lo dice claramente: "Si no puedes trabajar con amor, sino con disgusto, luego debes dejar tu empleo y ve a sentarte a las puertas del Templo y pedir limosnas a aquellos que trabajan con alegría". Una lección dura, mas un discernimiento importante en tu conciencia.

Un anuncio eficaz de una de las líneas aéreas dice: "Tenemos que ganarnos nuestras alas todos los días". Sí, y tú tienes que ganarte el nivel de conciencia que te sostiene y prospera . . . todos los días. Acaso digas: "He estado en este empleo por años, y conozco el trabajo tan bien que podría hacerlo con los ojos cerrados". Y probablemente lo puedes hacer. Pero, ¿qué le sucede a tu persona? Debes ganarte tus alas, no por complacer a tu jefe, sino por tu bienestar espiritual.

Lo que haces en tu empleo todos los días puede que no afecte tu salario, pero afecta vitalmente el enfoque de tu conciencia que regula el fluir de afluencia en tu vida. Podrías comprometerte seriamente a hacer esto. Todos los días, a medida que comienzas tu trabajo, afirma para ti: *¡Voy a ganarme mis alas hoy!*

Hay la tendencia común de hacer un trabajo con mucha destreza y caer en una rutina; encasillar el empleo y limitarte. Un hombre protestaba a su jefe porque una persona con mucho menos experiencia que él había sido ascendida. Dijo: "No comprendo.¡Yo he tenido veinticinco años de experiencia en este empleo!" El sabio jefe respondió: "Eso no es correcto. Has tenido un año de experiencia y has tenido esa misma experiencia durante veinticinco años". El hacía su trabajo, pero no se ganaba sus alas, es decir, él no crecía. También, una corporación prospera debido a la conciencia colectiva de su personal. Olvidamos esto cuando tratamos con horarios de trabajo, computadoras y procesos automatizados. Por tanto, si tú, como empleado, careces de una conciencia activa, alerta, despierta, gozosa y entusiasta con la cual haces tu trabajo, de seguro que te frustras y no creces como persona. Pero lo que no debes olvidar nunca es que no das de una manera muy especial que añade al crecimiento de la compañía. Por tanto, a la persona que tiene se le da más, aun cuando esto signifique ascender a otro trabajador sobre ti. La conciencia obra de manera inexorable.

Tal vez digas: "Pero mi empleo no es imaginativo; no hay futuro en él". No hay empleo con un futuro en él; el futuro está en la persona que hace el trabajo. Cuando haces tu trabajo imaginativamente, el empleo se vuelve más significante e interesante, y lo harás más eficazmente. Puedes cambiar tu empleo, cualquier empleo, si cambias tus actitudes sobre él. Tal vez quieras buscar en otro lugar para encontrar un empleo mejor, mas eso puede ser un escape, la esperanza eterna de encontrar la olla de oro al final del arco iris. Desde luego, podría haber un mejor empleo para ti en otro sitio, mas el lugar para empezar a hacer el cambio es ahí mismo donde estás. "Ponte de acuerdo pronto con tu adversario" (Mt. 5:25) quiere decir ponerte de acuerdo con tus sentimientos adversos. Cuando te disciplinas para ganar tus alas todos los días, sucederá una de dos cosas: (1) tu conciencia manifestará un cambio de empleo, que es lo correcto para ti y para la compañía, o (2) otro empleo aparecerá para ti donde un traslado se efectuará de un modo beneficioso para todos aquellos a quienes concierne.

La teoría holística de Ralph Waldo Emerson es alentadora:

"No importa qué trabajo hagas, que sea el tuyo. No importa cuál sea tu ocupación, que lo que hagas sea orgánico. Que salga de tu ser. De este modo abrirás la puerta por la cual la afluencia del cielo y de la tierra correrá hacia ti".

Lo antedicho es un bello discernimiento que trata sobre la prosperidad como un fluir divino desde nuestro interior. Cuando trabajas con la conciencia correcta, cuando tu trabajo se vuelve orgánicamente parte de todo tu ser, y cuando haces tu trabajo con ese compromiso, no importa lo que haga otra gente, no importa cuál sea la compensación, haciéndolo por la salud de tu alma, entonces abres la puerta por la cual la afluencia del Universo fluye en tu vida. Esta es una bella comprensión, pero con qué rapidez la olvidas, y vas a la oficina, lees el periódico de la mañana mientras tomas una taza de café y luego te engolfas en un trabajo sin sentido, que ofrece un poco más que varios niveles de hastío a través del día. Y si ésta es la actitud, como la noche sigue al día, habrá en tu vida un problema de estrechez financiera. Hará poco bien ir desesperadamente a un maestro, o maestra, de la Verdad y pedirle que ore por tu prosperidad. Dios no puede hacer más por ti que lo que Dios puede hacer a través de ti. Como dicen los cuáqueros: "Cuando ores, ponte en acción". Es decir, pon en movimiento la guía que recibes de Dios. Empieza haciendo lo que haces en la conciencia de que trabajas con Dios para la liberación de tu "esplendor encerrado". Y cuando ganes tus alas por tu conciencia, "la afluencia del cielo y de la tierra correrá hacia ti".

En su obra clásica *El Profeta*, Kahlil Gibran dice:

Cuando trabajas realizas una parte del sueño
más lejano de la tierra, designado para ti cuando ese
sueño nació,
     Y al estar en armonía con tu labor estás, en ver-
dad, amando la vida,
     Y amar la vida por medio de tu trabajo es inti-
marte con el secreto más profundo de la vida.

El *secreto más profundo* de la vida es la norma divina en
la que puedes saber real y únicamente cuando te das y
sirves a otros. Puedes trabajar por dinero y prestigio y escalar
el pináculo del éxito, y aun no conocerte. Por lo tanto, buscas otros medios de escape tales como el alcohol y varias
clases de adicción. Todo esto se debe a que tu trabajo no te
satisface. Y la razón por la cual no te satisface es porque tú
no estás satisfecho contigo mismo, no te sientes realizado.
     Sin embargo, cuando te intimas con el secreto de la
vida, tu trabajo se vuelve tu llamada. La palabra *vocación*
viene del latín y quiere decir "yo llamo". Comienza a pensar en tu trabajo como un llamamiento. El proceso creativo llama, canta su canción en ti y tú la cantas como sólo
tú la cantarías. No obstante, no es tu canción, sino la voluntad de Dios, El que te envió. Por tanto, el trabajo se
vuelve fácil y satisfactorio, y te vuelves próspero y exitoso
en él. No hay presión, porque "la afluencia del cielo y de
la tierra corre hacia ti".
     Es importante comprender que es posible para toda
persona triunfar en el trabajo. Elbert Hubbard lo dice enfá-

ticamente: "El éxito es la cosa más natural en el mundo. La persona que no triunfa obra de modo contrario a las leyes del Universo". En otras palabras, la única persona que puede evitar que triunfes eres tú, al bloquear tu fluir creativo. No eres una criatura impotente abandonada en los mares de la vida, tratando desesperadamente de tener éxito contra fuerzas imposibles. La intención creativa está envuelta vitalmente en ti. Por tanto, el deseo de abrirte camino, el impulso de triunfar, es tu conciencia intuitiva de algo en ti que quiere triunfar.

Hay otro aspecto en este implacable empuje de triunfar. Lo llamaremos el *síndrome del éxito*, un factor que es al mismo tiempo la llave del éxito y la causa de mucho fracaso. El impulso de triunfar es básico en el sueño norteamericano. En Estados Unidos cualquier persona puede ocupar el rango más alto, por tanto, la mayor parte de la gente quiere ocuparlo, o se siente culpable porque ella cree que *debe* ocuparlo. Tal vez se le pregunte a la persona que ocupa el mismo puesto por años: "¿Está usted todavía en ese puesto?" Esto implica: ¿Por qué no ha progresado? En realidad, ella está feliz y satisfecha en lo que para ella es un trabajo perfectamente alentador. La progresión no se mide únicamente por el título en la puerta de la oficina. Más importante es lo que la gente ha hecho consigo misma. Cuando se mira a la gente a través del síndrome del éxito, ella debe estar descontenta con su trabajo. Esta presión influye en mucha gente, por tanto, ella no puede poner todo el esfuerzo en su trabajo, y siente que debe subir, prosperar, triunfar. En vez de ganar sus alas todos los días, anhela aeroplanos con mayores alas. Es un impulso básico en la humanidad, pero desafortunadamente, en vez de verlo como un deseo cósmico de *ser* más, lo interpreta normalmente como el deseo de *tener* más.

Bajo el síndrome del éxito, somos condicionados a creer que *debemos* siempre abrirnos camino y no puede haber descanso hasta llegar a la cumbre. Y debido a que la pirámide se pone más angosta a medida que subimos, sencillamente no cabemos todos en los rangos más elevados de los negocios. Por tanto, muchas personas abrigan secretamente un sentido de fracaso. Ellas pueden tener muy buenos empleos con abundantes ingresos y vivir en hogares magníficos, y aun así un director o un vicepresidente no ha alcanzado la posición de máximo poder o prestigio. Por tanto, puede haber un sentido interno de frustración.

Es interesante observar cómo somos condicionados a adquirir ese sentido en nuestros años formativos. Los padres ejercen una gran presión sobre los niños que van a la escuela para que saquen buenas notas. Se les hace claro que tener una "A" o "B" es más importante que el aprendizaje en sí. Una nota de "C", que se supone ser satisfactoria, se considera, en efecto, un fracaso o una vergüenza. Así a los niños que tal vez necesiten obtener de la instrucción más que contestaciones correctas y cuya curiosidad les lleva a hacer preguntas avergonzantes, se les rebajan las notas. Ellos no encajan en un sistema que forma parte integral del síndrome del éxito. Por tanto, tendemos a estigmatizarlos con una autoimagen de fracaso que permanecerá en ellos el resto de sus vidas.

La gente que ha sido condicionada bajo el síndrome del éxito tiende siempre a considerar el éxito en términos de notas, salarios, una placa con el nombre de la persona en la puerta de su oficina, títulos —tener éxito es todo lo que importa. Un síntoma común de este condicionamiento son las personas que siempre están pendientes de mejores empleos y los examinan mientras se dedican supuestamente a los suyos. Van de un empleo a otro en la tentativa de llegar a la cumbre. Sin embargo, aun cuando llegan a los altos niveles de un negocio, pueden haber sobreenfatizado tanto el objetivo de *tener éxito* que su crecimiento interno, el fluir orgánico, tal vez no haya sido cultivado. En otras palabras, triunfan en llegar a la cumbre, pero no están convencidas realmente de su derecho de estar allí.

Y cuando ponemos un valor tan alto en el asunto de tener éxito (y el alto nivel de vida que define la esfera del "éxito"), no es de extrañarse que tantas personas se vuelvan casi paranoides en el deseo de protegerlo. El nivel *de* vida se vuelve más importante que cualquier nivel *para* la vida, y la meta de llegar a la cumbre y de permanecer allí puede justificar cualesquiera medios necesarios a costa de lo ético, lo moral, o aun lo legal.

En años recientes el empuje hacia el éxito ha dado ocasión a cursos para motivar el éxito y cursos de psicología de la autoimagen, y muchos otros más, que ofrecen técnicas para asegurar el éxito y llegar a la cumbre. Todos ellos contienen algunos discernimientos útiles, pero cuando tratan con el restringido enfoque de tener éxito a cualquier costo, pueden ser un autoengaño peligroso. Michael Korda, en su libro *¡Exito!*, dice que un alto nivel de comportamiento maquiavélico es ingrediente necesario para el éxito. En otras palabras, debes ser insincero si quieres triunfar. Robert Ringer ofrece casi el mismo mensaje en sus libros con gran éxito de venta, *Sea el número uno* y *Prepárese para triunfar*. Los libros de esa clase han encontrado un mercado ávido entre la perdida gente del mundo materialista que es empujada despiadadamente por el síndrome del éxito.

El éxito no es llegar a la cumbre; es merecer el derecho de estar allí por conciencia. Dos personas pueden llegar a posiciones de mucho éxito en la cumbre de su especialidad. Una de ellas ha trabajado hasta más no poder para llegar a la cumbre y continúa temerosamente asida a esa posición porque él o ella no está seguro de pertenecer allí. La otra está allí porque él o ella ha ganado sus alas todos los días. Por las apariencias, no puedes distinguir realmente la diferencia.

Quizás necesitemos un nuevo modelo del éxito, donde la "buena vida" se refiere mayormente a "valores" que a "objetos de valor". Haríamos bien en reconsiderar la clase de idealismo expresado sobre una tumba en *Boston Commons*: "Aquí yace el cuerpo de Andrew Murray que remendó zapatos para la gloria de Dios por 40 años".

Esto no es abogar porque se abandone la clase de empuje que ha hecho sobresalir a Estados Unidos como una nación de personas que realizan su potencialidad y se esfuerzan por la afluencia. Con esto simplemente sugiero que debemos considerar recobrar el énfasis pionero en el valor esencial de la persona. ¿Han triunfado verdaderamente nuestras vidas a menos que hayamos ampliado nuestras conciencias mientras triunfamos? ¿Es el éxito simplemente un grado corporativo, o debemos considerarlo a base del crecimiento que tiene lugar en la persona? Puede que ésta no sea una norma aceptable para el mundo mercantil, mas si deseas prosperar sinceramente por medio de la economía espiritual, entonces debes aceptar esta norma. Desde luego, puedes triunfar en tu trabajo, puedes llegar a la cumbre y llegar a ser el mejor o la mejor, sin límites. Sólo ten la seguridad de que el éxito proviene de la *amplitud* de tu crecimiento interno y no *a expensas* de él. Solamente tú puedes saberlo, pero sin lugar a dudas, *¡tú lo sabes!* Recuerda, la conciencia es la llave. Haz un nuevo compromiso de pensar en tu trabajo no como un lugar para ganarte la vida, sino como una oportunidad para edificar tu vida. Piensa que eres un medio por el cual las actividades creativas fluyen, y no hay límite. Tu mente es una con la misma mente de los genios, los que tienen éxito y los ricos. Las maravillosas ideas y energías ilimitadas fluyen fácilmente a través de ti, y eres indispensable y apreciado en tu trabajo. Estás libre de tensión o estrés, porque sabes que eres una entrada y puedes llegar a ser una salida de todo lo que está en Dios. No estás solo o sola. Todo el Universo está de tu parte, guiando tus manos y dirigiendo tus pasos en el camino que tomas. Una afirmación que te ayudará es: *Soy una empresa de Dios viviente, y Dios no puede fracasar.* En Dios no puede haber fracaso. Toda apariencia de fracaso está en la conciencia, una frustración del potencial creativo. No importa cuál sea el empleo o la profesión que hayas elegido, te corresponde expresar y liberar tu esplendor encerrado. La Mente Infinita regulará siempre tus asuntos para que tengas un empleo adecuado en el cual "cantas tu canción" o expresas tu potencialidad. Si el empleo se vuelve inadecuado, si te mantienes en armonía con el fluir creativo, o el empleo cambiará o serás trasladado a otro empleo. Nada puede impedir el fluir de afluencia y éxito a la persona que mantiene su ser armonizado. Recuerda: *Soy una empresa de Dios viviente, y Dios no puede fracasar.*

CAPÍTULO 7

Cómo cambiar el revés financiero

Se dice a veces de una persona que ella está "en el mercado". Usualmente, esto indica que la persona tiene una cartera de inversiones en acciones y bonos. En cierto sentido, todos estamos "en el mercado", porque a menos que vivamos como un ermitaño en una cueva, necesitamos mercancías y servicios para vivir, y una fuente de ingreso para hacerlo posible, y la fluctuación de la economía influye muchísimo en esto.

Se reconoce cada vez más que la economía es básicamente un fenómeno psicológico. Las agencias del gobierno pueden dar al público estadísticas y tablas que indican fluctuaciones del personal, actividad de los negocios, tipos de interés y el producto nacional bruto. ¡Muy impresionante! Convenientemente, no se dice nada sobre la causa. Esto se debe a que la causa es un proceso místico que trata con las tendencias de los pensamientos de la gente. La "economía", en cuanto a nosotros nos toca, siempre será más o menos el resultado de nuestra interpretación, de nuestro decreto, de nuestra expectación.

En las conversaciones cuando se juega bridge, durante los descansos en las oficinas y casi en todas partes donde la gente se detiene a charlar un poco, los tópicos de mayor importancia en las conversaciones son la seguridad del empleo, el déficit, los tipos de interés, la erosión del valor del dólar y el precio de los alimentos en los supermercados. Si la opinión general es que "algo terrible está sucediendo", entonces algo *sucede* allí mismo porque la economía es poco más que un barómetro que registra los altibajos de la conciencia. Cuando dos o tres personas se reúnen en una interacción de mentes, una energía muy fuerte se proyecta en el mundo. Si acaso es un grupo de oración o un grupo de conversación positiva, luego hay una influencia sanadora o próspera. Si es una reunión donde la conversación es negativa, como a menudo es el caso, esa conciencia sigue adelante como un faro de oscuridad y añade debilidad a la economía. Muchos analistas han buscado las causas de las fluctuaciones de la bolsa. Tal vez no deban buscar más lejos que aquí.

Hace unos años apareció un artículo en la primera página del *Wall Street Journal* que decía: "El pensamiento positivo es el modo de salir de nuestro malestar económico". Continuaba censurando el pesimismo excesivo que nos abate ahora. Citaba al presidente de una gran corporación que instaba a los jefes de los negocios a adoptar una actitud más positiva para ayudar a disipar los temores de una inminente catástrofe económica y a restaurar la confianza en el pueblo norteamericano. Es fácil hacer caso omiso de tal consejo y resolver "Sí, eso es algo que 'ellos' deben hacer". Sin embargo, tú eres el que diriges los asuntos de tu negocio. Y, como estudiante de la Verdad, debes volverte un líder en todo grupo donde se conversa. Así cuando la discusión gira en torno al alto costo de las cosas, al negocio donde estás empleado que anda lentamente y los ciclos alarmantes de la inflación y recesión, no llegues a conclusiones negativas. Ponte firmemente a favor del potencial de prosperidad y "deja que algo bueno se diga". Puede ser que la gente hable de la economía desde el punto de vista de provisión; tal vez lo necesario sea considerar la economía desde el punto de vista de la Verdad.

El Salmo 1:1-3 tiene una gran lección de prosperidad para los tiempos contemporáneos:

> Bienaventurado el varón
> que no anduvo en consejo de malos,
> ni estuvo en camino de pecadores,
> ni en silla de escarnecedores se ha sentado,
> sino que en la ley de Jehová está su delicia,
> y en su ley medita de día y de noche.
> Será como árbol plantado junto a corrientes

de agua,
que da su fruto en su tiempo,
y su hoja no cae;
y todo lo que hace prosperará.

El salmista dice claramente que si rehúsas a estar de
acuerdo con la charla de la gente negativa (consejo de
malos) y te mantienes en armonía con la ley divina de prosperidad, entonces puedes tener la seguridad de que la substancia fluirá a ti tan fácilmente como la substancia fluye al
"árbol plantado junto a corrientes de agua". ¡Una realización muy importante!

El gran descubrimiento del nuevo discernimiento en la
Verdad es que la conciencia es la llave de todo lo que nos
sucede, ciertamente la llave de la prosperidad personal. El
punto de partida para cambiar tu vida de los reveses financieros a una experiencia de abundancia, es la comprensión de que puedes cambiar tu vida al cambiar tus
pensamientos. Empiezas esto al hacerte responsable de tu
propia vida. Mientras estés obsesionado por pensamientos
paranoides tales como "Es lo que ellos hacen. Es lo que
sucede en las oficinas del gobierno, ¡la burocracia!" y "La
Superintendencia de Contribuciones me está acosando",
entonces no puedes obtener ninguna clase de ayuda por
medio de la Verdad.

Admite que tu experiencia presente, aun la condición
de tu cuenta de banco, refleja el nivel de tu conciencia en
el presente. No eres la víctima de circunstancias. La con-

ciencia crea las circunstancias, o por lo menos establece el ambiente en el cual ellas suceden. Cuando te estableces en esta conciencia, entonces estás en condiciones de cambiar las cosas. Porque si la causa está en ti, en tu nivel de conciencia, luego la curación puede ser iniciada cuando cambias tus pensamientos, cuando alteras la causa. Sin embargo, si la causa está "allá fuera", es decir, en la gente o las circunstancias, entonces puedes hacer poco. "Son cosas de la vida", decimos. Repito, la necesidad no estriba en encontrar la manera de obtener algo, sino en alterar los estados mentales internos que han bloqueado el fluir natural de substancia en tu vida. El cambio puede reflejarse en un aumento de salario, o podría resultar en algunos dividendos procedentes de inversiones; él llegará esencialmente por medio de la conciencia.

Ahora bien, vivimos en un mundo de muchas contracorrientes de conciencia. Si somos sinceros, admitiremos que no podemos sostener siempre actitudes positivas en toda circunstancia. Algunas veces la negatividad inunda la mente y parece que podemos hacer poco sobre eso. Así, por una u otra razón, los asuntos a veces salen mal. Tal vez sea que un empleo no resultó ser lo que se esperaba, quizás sea una repentina necesidad financiera en un mercado donde el dinero está escaso, o una pérdida inesperada en una inversión de la cual dependías mucho.

En todo intento en la vida, debe haber la posibilidad de éxito *y* fracaso. Debemos tener la estabilidad y perspectiva de hacer frente tanto al éxito como al fracaso con aplomo espiritual. Volvernos demasiado regocijados con el éxito y demasiado agobiados por la derrota indica una falta de equilibrio. En todo revés, debemos animarnos con la comprensión de que nunca hay una pérdida completa. Hay siempre algún beneficio, algún crecimiento. Y en todo éxito, debemos sentir humildad con la comprensión de que sin la acción de fuerzas mayores que nosotros, no hubiésemos podido triunfar.

La vida es fundamentalmente una cuestión —una experiencia— de crecimiento. No dar en el blanco es uno de los modos de aprender a dar en el blanco. El fracaso es una parte vital de lograr éxito. Hemos pensado erróneamente en el éxito como "llegar a lo más alto", mientras que el éxito es *realmente* "merecer el derecho de llegar allí". Y merecer quiere decir aprender. Los reveses, aun los fracasos, pueden ser una parte importante del aprendizaje. Esto puede incluir valores o acciones que no funcionaron como se esperaba, una breve tentativa en un negocio que fracasó, o aun una experiencia de desempleo. Todos estos son modos en que logramos el derecho de alcanzar la prosperidad y éxito que todos soñamos tener.

Toda instrucción que prepara a la gente sólo para el éxito y no para hacer frente a la frustración que resulta cuando las cosas salen mal, es lamentablemente deficiente. Simplemente logra inhibir a un gran número de gente de tratar empresas en las que el fracaso sea una posibilidad, lo cual paraliza severamente la creatividad e imaginación.

Uno de los reveses más desafiantes que tenemos que

enfrentar es el desempleo. Lo importante no es estar desempleado o aun empleado, lo cual establece la diferencia en nuestras vidas, sino cómo aceptamos esas condiciones —las actitudes, los sentimientos, el tono general de nuestra conciencia— al enfrentar la experiencia. Hay algunos empleados que viven con el constante temor de ser despedidos de su trabajo. Y hay gente desempleada que tiene completa confianza en que su condición es una transición que resultará inevitablemente en mejoramiento. Las personas que tienen empleos y temen constantemente perderlos bloquean ya su fluir. Ponen una bomba de efecto retardado que explotará en algún momento en el futuro —tal vez no sea la verdadera pérdida de sus empleos, sino alguna frustración en ellos, o alguna clase de estrechez financiera.

Lo triste es que mucha gente desempleada se vuelve realmente inútil para el trabajo porque ha permitido que la idea de carencia e inactividad se establezca en su conciencia. El desempleo y la compasión de sí mismo y la amargura asociadas con él se vuelven una obsesión que bloquea la actividad de reempleo o la reinfusión del fluir de la substancia. La primera necesidad no es encontrar un empleo, sino cambiar tu autoimagen, renunciar a enlistarte en el "ejército de los desempleados". No te veas desempleado, sino "listo para trabajar". Mientras estés "desempleado", tenderás a identificarte con las estadísticas del Departamento de Trabajo y éstas muestran que las cosas están tan malas que hasta sería ridículo buscar trabajo. Sin embargo, si estás "listo para trabajar", esto es totalmente otro cantar.

Si estás sin trabajo, entonces tienes realmente un empleo, el más importante y desafiante que jamás hayas tenido. El empleo es conseguir trabajo. Emprende este empleo como si emprendieras cualquier otro empleo. Levántate temprano, pon tu almuerzo en una bolsa, vístete pulcramente y sal de tu casa con entusiasmo y expectación en tu trabajo de encontrar un empleo. Lo importante: pon empeño en esto. Velo como un reto a tu fe y determina crecer a través de la experiencia. No escuches el consejo de los lúgubres (lo que el Salmo 1 llama "consejo de malos"). Ellos cantarán su perpetuo canto fúnebre: "No hay empleos", "La recesión es inevitable", "A tu edad", y así por el estilo.

Tú eres una persona completa en un Universo completo. Eres una expresión individualizada del fluir creativo. Hay algo que puedes hacer que nadie puede hacer tan bien como tú. En algún lugar se necesita esa contribución especial. Te necesitan, así como tú tienes una necesidad. Si pierdes de vista esta conciencia, abdicas del Universo. Al sentarte a pensar: "Si solamente pudiera encontrar un empleo", algún jefe en ese mismo instante piensa: "¡Si solamente pudiéramos dar con la persona correcta para este puesto vacante! Mantén esa visión del Universo ordenado. No se necesita un milagro para crear un empleo para ti, sino una expresión del orden divino para reunirte con lo que te busca.

Hay una equivalente de la Mente Divina para toda necesidad humana. Hay una respuesta para todo problema, una substancia para toda necesidad financiera, un empleo para toda persona que esté dispuesta a trabajar. Los indicadores económicos no te dirán esto. Las agencias de bienestar tampoco te lo dirán. Es necesario que tú te lo digas a ti mismo, porque la economía es un proceso espiritual. En cuanto a tu experiencia en el mundo mercantil se refiere, ¡tú estableces la diferencia!

La Biblia usa una frase inofensiva: "Y fue así" (2 R. 15:12). Esta tiene una deducción sutil que puede ser sumamente significativa para ti. El problema o revés financiero no vino a tu vida para quedarse; fue así, esto es, pertenece al pasado, no tiene permanencia. No importa el reto que sea, rehúsa abatirte de terror. La vida no ha terminado para ti. Sigue fluyendo en una corriente sanadora y próspera. Al hacer frente a cualquier reto, afirma: *"Acepto la realidad de esta situación, pero no su permanencia"*. La experiencia está ahí para ser enfrentada. Es inútil meter la cabeza debajo del ala. Sin embargo, determina enfrentarla en tus términos. No dejes que el suceso externo te agobie, mas abre tu mente al fluir de la sabiduría, el amor y el buen juicio con los que puedes tratar diestramente. La experiencia ha venido para pasar. Acéptala, pero acéptala como una experiencia cambiante que está en vías de terminar. Algo mejor está en camino para ti.

Por ejemplo, al enfrentar la experiencia de desempleo, hay normalmente miedo, compasión de sí mismo y un sentido de inseguridad. Es importante comprender que esto viene de una aceptación sutil de la permanencia de la condición. Si te mantienes en el pensamiento de que el desempleo ha venido para pasar, y lo ves como una experiencia pasajera, restauras súbitamente tu confianza, conjuntamente con tu sentimiento de unidad con el fluir divino.

En el estudio de la Verdad, a menudo hablamos sobre el poder de las palabras. Es importante expresar en forma verbal solamente esas declaraciones que realmente deseas ver manifestadas en tu vida. Desde luego, todos somos demasiado permisivos en lo que decimos acerca de las condiciones financieras en el mundo. Algunas veces la dificultad estriba en el uso repetido de palabras que pudieran ser reemplazadas con algunas que tienen una sugerencia más positiva. Por ejemplo, la palabra *problema*. Puedes decir: "Tengo este problema". Inmediatamente la mente se vuelve a significados oscuros, obstáculos intransitables y a gente inaguantable. Una palabra mucho mejor para emplear cuando nos referimos a alguna clase de reto es *proyecto*. Observa lo que sucede cuando dices: "Tengo este 'proyecto'". Esto cambia totalmente la cosa. La palabra *proyecto* sugiere un esfuerzo positivo de desarrollo. Hay la tendencia de tratar con un problema con tensión, esfuerzo penoso y la conciencia de que "sólo un milagro puede salvarme ahora". Abordamos un proyecto, tal como poner a un hombre en la luna, con vigor, imaginación y la convicción de que se hará.

¿Qué proyectos tienes ante ti en tu vida? Si haces una

lista de problemas, bien podrías retorcerte las manos y sentirte fatal con respecto a tu carga. Pero ¡una lista de proyectos! Esto hasta tiene un tono alentador. ¿No puedes verte frotándote las manos con entusiasmo, ávido de comenzar y en expectativa de un resultado positivo? Examina detenidamente los retos que enfrentas: el posible paro involuntario en el lugar donde trabajas, una decisión importante en tu carrera, la inhabilidad de vivir de tus ingresos actuales. Si identificas como tuyos estos "problemas" hay la tendencia de verlos estáticos, pesados y con un sentimiento de resentimiento y compasión de ti mismo. Y en la búsqueda de soluciones, buscarás invariablemente ayuda o consejo de la gente, o algún "milagro de Dios". En otras palabras, buscas a alguien, aun a Dios, para cargar con la responsabilidad. Pero sencillamente ¡eso no resultará! No obstante, mira los retos como "proyectos" y te armonizas con un distinto fluir de conciencia. Te enfrentas con algunas oportunidades para el crecimiento, pero te sientes seguro en la conciencia de que las contestaciones se desenvolverán principalmente desde tu interior. Hay una sensación de claridad, de horizontes despejados y de firme expectación. Es el mismo supuesto "aprieto", pero tu actitud es diferente. Y de acuerdo con tus pensamientos, tu fe y tu sentimiento, se hará contigo como quieres. Esta es una enseñanza mística antiquísima, pero que viene muy al caso.

Cuando haces frente a un dilema financiero difícil, siempre tienes una elección clara de cómo tratar con él. Si te dejas obsesionar con la frustración, la desilusión en un empleo, o el colapso completo de un envolvimiento financiero, simplemente lo aumentas en proporción. Es como si tomaras una guija algo apartada de la playa y la pusieras cerca de los ojos. Puede ser una piedra pequeña, pero si la pones bien cerca de los ojos, ella puede ocultar tu vista completamente. Sosténla a una distancia correcta y puedes examinarla y considerarla debidamente. Déjala caer a tus pies y puede llegar a ser parte de un camino de piedras. El salmista dice: "Todo lo pusiste debajo de sus pies (del hombre)" (Sal. 8:6).

La pérdida de un empleo o el fracaso de un proyecto financiero importante, sostenidos muy estrechamente en la conciencia, puede parecer el fin de todo. Como dijo un hombre cuando no lo tomaron en cuenta en una promoción para una posición más alta: "Mi vida ha terminado. No puedo seguir". Y debido a que él permitió que esta experiencia oscureciera todo lo demás, persistió tristemente en ella por meses y se volvió tan letárgico en su trabajo que por poco perdió la posición que tenía. Afortunadamente, con el tiempo, volvió a sus cabales y se dio cuenta de que a causa de su reacción inmadura, el probó su falta de mérito para asumir un puesto de mayor responsabilidad. La vida continuó. Y luego fue elegido para un puesto más alto que era mucho más apropiado para sus habilidades creativas. Por tanto, esto probó ser una experiencia de crecimiento.

Se ha dicho que hay un poco de paranoia en toda persona. Por tanto, cuando algo adverso ocurre, no es raro reaccionar de una manera que implica que el Universo nos regaña o critica. ¿Por qué me sucedió esto? ¿Cómo pueden "ellos" hacer esto? Un hombre, después de veinte años de estar empleado en una compañía, fue despedido y dijo: "Ellos arruinaron mi vida y me han hecho un pobre diablo". ¿No puedes imaginártelo yendo por las vías del tren y llevando sus posesiones en una bufanda roja amarrada a la punta de un palo que lleva sobre su hombro? ¡Pobre hombre! ¡Ellos arruinaron su vida! Desde luego, esto es totalmente un concepto falso. Nadie puede arruinar tu vida. Eres responsable siempre por la manera en que aceptas las cosas que te pasan. El incidente es externo; la reacción es tuya siempre. Una crisis financiera tal vez haya ocurrido, y acaso parezca que estás sumido en ella, mas esto todavía queda "allá fuera". Aun eres una entrada y puedes llegar a ser una salida para todo lo hay en Dios. Puede ser que te hayan botado de tu empleo, pero ¡nadie puede botarte del Universo! Eres todavía la empresa de Dios viviente, y Dios no puede fallar.

Todo lo que importa realmente es lo que sucede en ti. ¿Cómo reaccionas a la experiencia? ¿Dónde está tu fe? En ti hay un potencial ilimitado, no nacido aún, de creatividad y substancia, y la experiencia actual puede ser la gran oportunidad que tienes para hacer surgir tu potencial. Así, si quieres, la tragedia puede volverse una bendición, la desventaja una ventaja, el fracaso una oportunidad y la desilusión la invitación "de Dios".

Cuando estás versado en el campo de la substancia ilimitada, luego puedes no tener un centavo, mas nunca ser pobre. Esta es una conciencia maravillosa para asirte de ella. Vives en la sabiduría y substancia de la Mente Infinita. Puedes estar sin trabajo, mas no puedes estar sin el fluir de la creatividad. Puedes tener una dificultad, pero estar unido siempre a la luz guiadora del Espíritu con la cual puedes pasar por esa experiencia, y aun crecer por medio de ella. Shakespeare pensó en esto cuando dijo en *Como gustéis:*

> Gratas son las enseñanzas de la adversidad,
> la cual, como el sapo, feo y venenoso,
> luce una preciosa joya en su cabeza;
> y ésta nuestra vida, separada del bullicio público,
> encuentra lenguajes en los árboles,
> libros en deslizantes arroyos,
> sermones en piedras, y el bien en todo.

Puedes aprender una lección útil de la humilde ostra. Ella es usualmente una criatura muy plácida, pero de vez en cuando pequeños granos de arena penetran su concha y comienzan a irritarla. Naturalmente, trata de librarse de ellos. Pero cuando descubre que no puede hacer eso, se calma y produce una de las cosas más valiosas y hermosas en el mundo. Convierte la irritación en una perla. Así, no importa la dificultad, la pérdida, la adversidad financiera;

si te sientes negativo, pon manos a la obra y convierte esos retos en perlas.

Debido al principio "todas las cosas los ayudan a bien", toda experiencia de la vida puede llegar a ser lo mejor que jamás te haya sucedido. ¿No has dicho u oído decir: "Indudablemente, ese reto me preocupó, pero ahora al verlo retrospectivamente, fue lo mejor que pudo haber pasado"? De vez en cuando esas palabras se dicen del alcoholismo, la drogadicción, la bancarrota o el desempleo. Pero, ¿por qué esperar? ¿Por qué no aceptas la posibilidad inmediatamente que la crisis ocurre?

Por qué no escoges el reto más difícil que enfrentas ahora mismo y dices: *Sé que esto es lo mejor que puede sucederme, porque sé que en este suceso se revela una nueva lección para aprender y un nuevo crecimiento que experimentar. Sé que en mí hay una posibilidad no nacida aún de potencialidades ilimitadas, y ésta es mi oportunidad de empezar a dar lugar a nuevas ideas, nueva fortaleza y nueva visión. Acepto la realidad de la dificultad, pero no acepto su permanencia. No estoy al final de nada. Sencillamente estoy entre oportunidades, entre situaciones. Sé que "y fue así" implica movimiento y algo maravilloso está en camino para mí, algo que supera mucho todo lo que he experimentado anteriormente. Y si sintiera la menor irritación causada por el temor o la ansiedad, diré a mí mismo: "Muy bien, pongo manos a la obra y convierto esto en perlas".*

CAPÍTULO 8

La seguridad en un mundo cambiante

La seguridad es uno de las cuestiones que más anda en boca de la gente hoy día. Todos los días en los informes de noticias hay discusiones de cómo las naciones se ocupan de su seguridad. Las familias se preparan para la seguridad al poner rejas en las ventanas y cerraduras en las puertas. Las personas dan mucha atención a tales asuntos como seguros de varias clases, e invierten en acciones y bonos, contribuyen a programas de ahorro y a pensiones vitalicias. Todo el mundo anhela el sentimiento expresado por el salmista: "Listo está mi corazón, Dios, mi corazón está dispuesto; cantaré, y entonaré salmos" (Sal. 57:7).

¿Es posible esta clase de seguridad? Si es así, ¿cómo la logramos? Esto depende de lo que creemos que la seguridad sea. Si pensamos en seguridad en términos de barreras pro-

141

tectoras y una continua provisión de alimentos, ropa, amparo, calefacción, luz y asistencia médica, entonces (y esto puede parecer chocante) el individuo más seguro es el convicto a cadena perpetua en una penitenciaría. El o ella tiene verdadera seguridad, pero ¡a qué precio!

La mayoría de las encuestas de la opinión pública indica que más que cualquiera otra cosa en la vida, la mayor parte de la gente desea seguridad. Esta es una triste observación sobre los valores contemporáneos. El profesor Peter Bartocci de la Universidad de Boston ha dicho: "Puede ser que cualquier opinión de la vida que pone la seguridad antes de la creatividad, en el mejor de los casos ha interpretado mal la vida y, por lo tanto, interpreta mal el proceso cósmico". Esto no es para sugerir que el deseo de seguridad sea erróneo, o que no debamos buscar maneras de lograrla. Es simplemente que cuando damos importancia a lo externo, pasamos por alto todo el significado de la vida. La vida es para expresarnos en ella, para el crecimiento y la expansión.

Hay dos impulsos básicos en toda persona: el humano y el divino. Humanamente, buscamos echar raíces, estar fuera de peligro, construir cercas, tener seguridad. Divinamente, somos creados para expresar, crecer y ampliar nuestros horizontes. Si no nos hubiéramos mostrado superior a la inclinación humana de tener seguridad a toda costa, estaríamos aún viviendo en cuevas, de haber sobrevivido.

En los tiempos primitivos de la vida en la Tierra, el *homo sapiens* estaba rodeado de grandes bestias equipadas con defensas soberbias: colmillos, pieles, garras, alas, conchas y una tremenda fuerza bruta. Las criaturas humanas, al parecer tan inadecuadas e inútiles, sobrevivieron porque su defensa estribaba en su habilidad creativa, en el fluir intuitivo de ideas, en su dimensión espiritual —sin importar lo primitiva que era su acción.

Si la humanidad siempre hubiera tratado de tener seguridad a toda costa, no hubiera habido un Moisés que dejara la comodidad de Egipto para guiar a su gente a través de un vasto desierto y a su Tierra Prometida. No hubiera habido un Colón que afrontara mares inexplorados para descubrir un nuevo mundo. Cuando la gente piensa solamente en estar segura, sofoca los impulsos del crecimiento y progreso personal.

La gente en el estudio de la Verdad a menudo se matricula en cursos sobre "Cómo demostrar afluencia" y hasta "Cómo llegar a ser millonario". Desafortunadamente, la atracción es encauzada al "instinto adquisitivo". Lo que los escritores y maestros, que hablan con tanta locuacidad de la "conciencia del millonario", convenientemente tienden a pasar por alto es que los millonarios que usan como modelos para la gente, lograron su gran afluencia, no por el deseo de hallar seguridad, sino porque eran empresarios, personas arriesgadas y aventureros que se lanzaron más allá de las barreras de aceptadas limitaciones.

Alguien ha dicho (y bien pudiera haber sido uno de esos modelos) que el mejor modo de tener seguridad es nunca tenerla.

¿Queremos decir con esto que no debemos comprar seguro, o ahorrar, o invertir nuestro dinero? ¡De ningún modo! Realmente, la seguridad es más bien psicológica que financiera. ¡El sentimiento es la llave! No importa las medidas financieras que tomemos, si somos motivados por el temor o la ansiedad, entonces ponemos trampas explosivas en nuestro camino hacia el futuro. Pero si planeamos, preservamos y mantenemos nuestros pensamientos centrados en Dios como nuestro ilimitado recurso de bien, luego nuestro camino se llenará de éxito y realización. Esto depende de lo que pensemos cuando actuemos. Como la Biblia dice: "Si Jehová no edifica la casa, en vano trabajan los que la edifican" (Sal. 127:1).

Como estudiante de la Verdad, tal vez te hayas quedado perplejo sobre el asunto de seguros. Cuando el énfasis es normalmente en protección divina y en "activar las promesas" con fe, parecería ser algo así como una reincidencia comprar un seguro de vida o contra incendio o de ayuda económica. El vendedor o la vendedora puede explicarte todas las cosas catastróficas que podrían sucederte y, desde luego, por las cuales a él o ella le gustaría venderte seguros. Tal vez te cause confusión escoger entre el asunto muy práctico de protección financiera y la idea de confiar en el proceso divino.

¡Seamos realistas!, no hay tal cosa como una póliza de

seguro que protege completamente. Los seguros dejan sin dinero a las personas sumamente inseguras que tratan de estar preparadas para toda emergencia concebible. Si tienes esta clase de ansiedad, este desenfrenado miedo de cualquier cosa que podría suceder en el camino de la vida, entonces necesitas seguros, y los necesitas mucho. ¿Por qué? Porque es probable que sucedan las condiciones que temes. Es ley universal que las normas que tienes presente tienden a influir en las circunstancias.

Como vivimos en una cultura consciente de seguros, puede ser prudente tener al menos un mínimo de pólizas de seguro en los aspectos más importantes de la vida. Hacemos esto porque tendemos a absorber de la conciencia racial, como por osmosis, la clase de normas de pensamiento planteadas por la gente de seguros. Jesús, al referirse a la responsabilidad de pagar impuestos, dijo: "Dad, pues, a César, lo que es de César, y a Dios lo que es de Dios" (Mt. 22:21). Es bueno comenzar un viaje en automóvil con cuatro buenas llantas y una llanta de repuesto, de modo que puedas sentirte tranquilo y disfrutar el viaje. La llanta de repuesto no es símbolo de miedo, sino más bien evidencia de sabiduría y de buen planeamiento.

Ahora bien, tal vez la gente insista en poner su confianza en Dios y no en otra agencia, en no necesitar seguros y no aceptarlos. Y menos el seguro de automóvil, que puede ser requisito en algunos estados de Estados Unidos, la bendecimos en su posición. Sin embargo, una palabra de precaución. Hay una gran diferencia entre *querer* creer y *realmente* creer. Recuerda la sinceridad del hombre que pidió ayuda a Jesús: "Creo; ayuda mi incredulidad" (Mr. 9:24). Con demasiada frecuencia la gente rehúsa afrontar su escondida incredulidad y obstinadamente se engaña a sí misma siguiendo una línea de conducta independiente. Sin aceptar la responsabilidad de sus asuntos y sin la conciencia de protección divina, esa gente deja su asistencia médica o bienestar financiero a otros, o a la sociedad, lo cual es un modo de conducta irresponsable. En los asuntos prácticos, es prudente escuchar tu conciencia y no solamente tus ideales. A menudo alguien preguntará: "¿Debo tener una operación como me recomendó el doctor, o debo confiar en Dios para sanarme?" Es una pregunta enigmática a la que ofrecemos una sorprendente contestación. ¡Dios no sana! Dios es vida. La conciencia sana cuando ella acepta el fluir de vida. Si tienes un temor profundamente arraigado sobre tu condición, no es probable que puedas aceptar el fluir de vida sanadora. Al carecer tú de la conciencia de unidad con la actividad siempre presente de Dios, sería prudente que siguieras la guía de tu doctor. De nuevo, escucha tu conciencia. No dejes que nadie decida por ti si debes tener una operación o no. Es tu vida, y tu estado mental la gobierna. Si realmente crees, entonces sigue tu camino con valor para poner en práctica tus convicciones. Sin embargo, no te engañes a ti mismo. Si tienes temores o preocupaciones ansiosas, entonces no tienes fe, y debes considerar seguir algún procedimiento físico.

Lo mismo sucede con la cuestión de seguros. Dios protegerá, desde luego. En realidad, Dios es una fuerza protectora que siempre está presente. Vives, te mueves y tienes tu ser bajo *la sombra del Omnipotente*. Ella está presente —completamente— como una Presencia. Nunca puedes estar fuera de Su influencia. Si puedes vivir en la conciencia de esta Presencia, literalmente tomas para ti un manto protector, y nada adverso puede suceder alrededor de ti o a ti. Sin embargo, si no estás centrado en esa conciencia, o por lo menos no puedes sostenerte en ella por mucho tiempo, entonces tal vez sea prudente tomar la "llanta de repuesto", y así usar algún tipo de seguro mínimo. Luego puedes sentirte relajado, dejar ir y tener fe. Repito, no dejes que nadie te diga lo que debes hacer. Escucha sinceramente tu conciencia y sigue su guía valientemente.

¿Cómo debemos considerar las inversiones al planear para la seguridad financiera? Las inversiones son el sabio empleo de nuestros recursos. Del mismo modo que es importante participar en algún tipo de trabajo, asimismo es prudente dejar que tu dinero trabaje también. De nuevo, la motivación es la llave. ¿Por qué deseas invertir tu dinero? Si juegas, o tratas de hacer tu agosto en la bolsa, tratas de ir por el atajo a la riqueza y seguridad, lo cual inevitablemente será contraproducente.

En todo lo que hagas en cuanto a inversiones, hazlo consciente del fluir divino. Sosténte centrado en Dios para no agitarte como una bandera al viento cuando el informe de Dow Jones se publique todos los días. Mantén fe en la continuidad de la eterna substancia de Dios, no importa la condición de la bolsa en general, o tus acciones en particular. Podrías emplear esta afirmación: *Doy gracias a Dios como la fuente de mi provisión, y bendigo (nombra tu inversión) como un medio a través del cual mi provisión puede manifestarse.*

Los estudiantes también hacen preguntas sobre ahorrar. ¿No es una costumbre negativa? ¿Por qué debo ahorrar si soy un hijo o una hija de Dios, y el Universo me sostiene como sostiene a los lirios del campo? Una vez más, la motivación es la llave. Si ahorras para tiempos de escasez, sin duda los habrá, y a menudo. Job descubrió una gran Verdad al admitir que "me ha acontecido lo que yo temía" (Job 3:25).

¿Por qué crees que debes ahorrar? ¿Es porque temes el futuro? ¿Es porque dudas la suficiencia de la substancia siempre presente del Universo? Realmente, ahorrar es una costumbre que implica madurez. Toda la naturaleza ahorra. El cuerpo físico es un proceso de conservación propia. Observa cómo los grandes lagos del mundo conservan agua para sostener la flora de la Tierra todo el año. Por tanto, podemos ver que ahorrar es natural y ordenado. Sin embargo, ve desde una perspectiva elevada: ahorra para oportunidades, no para emergencias.

Puedes continuar haciendo lo que haces, pero con una nueva actitud. Deja que tu programa de ahorros sea un proceso ordenado divinamente. Como un banco u otra agencia vela por sus fondos, tu responsabilidad es vigilar tus pensamientos. Si comienzas cualquier programa, o continúas en él, con el pensamiento de "esta buena hucha me ayudará si algo sucediera", entonces participarás en él en una conciencia de emergencia. Puedes crear realmente un ambiente en el cual tales cosas puedan suceder. Ahorra, por supuesto. Esto te capacitará a aprovecharte de oportunidades positivas que pueden, de vez en cuando, desenvolverse. De nuevo, ahorra no para emergencias, sino para oportunidades.

Sin embargo, es importante comprender claramente esto: no puedes obtener una conciencia de prosperidad en el mercado de valores. No puedes lograr verdadera seguridad por medio de seguros. Y no te harás rico al simplemente ahorrar tu dinero. Mas si trabajas diligentemente en la conciencia del fluir divino de substancia, sintiendo realmente que vives en el ilimitado mar de afluencia, entonces por la influencia constante y ayudadora de esta conciencia, tus fondos pueden aumentar con seguridad a través de la inversión, tus asuntos pueden ser atendidos por los seguros y los ahorros que has planeado sabiamente pueden volverse un instrumento de prosperidad. Pero recuerda, la "mentalidad de abundancia" no vendrá como resultado de tus envolvimientos financieros. Debe venir primero del esfuerzo constante de conocer a Dios como tu provisión. "Buscad primeramente el reino de Dios" (Mt. 6:33). Busca primero estar consciente de la totalidad de la substancia. Con esta conciencia, *sentirás* seguridad. Este sentimiento ocasionará ideas y guía por medio de las cuales inviertes tu dinero, o decides sobre seguros, y así sucesivamente. Pero haces lo que haces debido a una conciencia de seguridad.

Ahora, unos pensamientos sobre programas de jubilación y pensiones vitalicias. Conjuntamente con la provisión del gobierno de Estados Unidos para la *IRA* (cuenta individual para la jubilación), se habla mucho sobre la necesidad de alguna clase de programa de jubilación. Mucho de esto presenta una imagen negativa de la vejez, de "echar a una persona al pasto" (como a un viejo caballo) por su inutilidad. Aparta de tu mente el asunto de jubilación. Con esto no quiero decir que no hagas cambios en tu trabajo y estilo de vida. Por supuesto, haz planes para cambios y nuevos principios. Sin embargo, piensa siempre en términos de "creatividad y de envolvimiento". Nunca asumas la posición de "estar fuera de circulación". No caigas en el síndrome de jubilarte a un condominio en una región bañada por el sol. No puedes vivir significativa y creativamente jugando dominó.

En un estudio reciente sobre centenarios, se descubrió que no había un solo centenario jubilado que se mantuviera desocupado. Quizás digas que a ti no te interesa llegar a los cien años. ¡Tal vez no! Pero, ¿te interesa permanecer con energía y vitalidad mientras estés vivo? El cambio de vida en la jubilación puede ser bueno para ti, pero solamente si lo ves no como un final, sino como emplear de otro modo tus actividades e intereses.

Debemos trabajar diligentemente en el proceso continuo de mantener todo nuestro ser viviendo y funcionando plenamente. La Verdad es que cuando dejamos de crecer no solamente envejecemos, sino que *somos* viejos.

Un hombre acababa de poner al día el trabajo en su escritorio un viernes por la tarde cuando notó un sobre que no había sido abierto. Aparentemente había sido puesto allí mientras él hablaba por teléfono. Lo abrió y leyó; la conmoción que le produjo la nota en el sobre que daba por terminado su empleo, le anonadó. Todo su departamento iba a ser eliminado y, desde luego, su posición. Después de todos los años que había dado a esta corporación, no pudo menos que sentir resentimiento y tener sentimientos de injusticia.

Mucho después de la hora de salida, el hombre permaneció arrellanado en su asiento completamente desesperado y derrotado. Se ha dicho que la experiencia de jubilación es la mayor conmoción que el sistema puede sostener. El pensó en todo lo terrible que podría sucederle: tendría que vender su casa y cambiar completamente su modo de vida. El realmente no estaba preparado financieramente para la jubilación y todavía estaba en una edad que se considera normalmente demasiado avanzada para conseguir otro empleo. El espectro de carencia, pobreza y destitución se cernía en el horizonte. Aun más severo fue el choque de sentirse que ya no le necesitaban más —inútil, despedido, destruido.

El observó una araña en el escritorio, e inconscientemente la quitó con la mano. Repentinamente, observó con asombro que la arañita automáticamente formó una hebra para sostener su peso y bajó al piso balanceándose elegantemente en ella. El empezó a preguntarse: si esa arañita podía sacar desde su interior una reserva de substancia para enfrentar su emergencia, ¿por qué no podía él hacer tanto como ella? Por muchas horas, permaneció sentado ensimismado en agitados pensamientos que se volvieron gradualmente meditación creativa.

Finalmente, llegó la convicción de que la fuente de su provisión y seguridad no estaba en empleos o dinero o casa o tierras, sino en su unidad con la Totalidad de la Mente Infinita. A él podían quitarlo de la nómina de pago, pero nadie podía quitarlo del fluir intuitivo de su propia mente. Esto, el comprendió, era su verdadero recurso vital.

Este hombre era de naturaleza artística. Ser forzado a hacer trabajo de oficina le había molestado siempre. En sentido figurado, se había ganado la vida con el sudor de su frente, en sus horas libres se había dedicado a escribir un poco lo cual de vez en cuando se publicaba. Había anhelado secretamente tener la oportunidad de ganarse la vida escribiendo. Comprendió que en este momento se presentaba esa oportunidad. Por tanto, un nuevo estado de ánimo tomó posesión de él. Bendijo su jubilación y dio gracias a Dios por la nueva puerta que se había abierto ante él. Dejó la oficina con tal vigor y confianza que él mismo estaba sorprendido.

Sería bueno informar que el hombre llegó a tener gran éxito como escritor. La verdadera vida no consiste en gran éxito y gran fracaso, sino de un número infinito de niveles de vida que no son ni lo uno ni lo otro. Y la verdadera grandeza depende más de superaciones internas que de logros externos. Nuestro hombre sí logró algunas grandes cualidades en su interior. Logró un nuevo sentido de dominio de sí mismo, de satisfacción y felicidad, y sus escritos, bastante buenos, le hicieron ganar algunos cheques cada mes —lo cual más que doblaba su ingreso de medio sueldo por jubilación.

La palabra *seguro* viene de dos pequeñas palabras latinas: *se* que quiere decir "sin" y *curus* que quiere decir "cuidado" —estar sin cuidado, libre de ansiedad. Víctor Hugo expresa claramente este sentido muy especial en estos hermosos versos:

Sé como el ave
que al hacer una pausa en el vuelo
sobre ramas demasiado frágiles,
siente que ellas se hunden
bajo su peso, y aun canta,
porque sabe que tiene alas.

Puedes estar rodeado de presagios sombríos de despidos de empleados, de déficit y del fracaso seguro del sistema de seguro social. Es bueno recordar a menudo que tu seguridad no yace en "ramas demasiado frágiles", sino en tus alas de fe, tu relación intuitiva con el proceso divino que fluye desde el interior. En un mundo cambiante, tal vez no puedas evitar que las dificultades sucedan a tu alrededor. No puedes controlar la bolsa o lo que sucede al dólar. De vez en cuando, hablando en sentido figurado, podrías estar hasta con el agua al cuello. Pero si puedes nadar, la profundidad del agua no es algo tan malo, ¿o no es así? ¿No es nadar divertido, si no tienes miedo al agua?

En Su inmortal Sermón del Monte (Mt. 6:25-34), Jesús dio una fórmula eterna para la seguridad. Podrías sacar inmensurable provecho al meditar en estas palabras todos los días:

"No os angustiéis por vuestra vida, qué habéis de comer o qué habéis de beber; ni por vuestro cuerpo, qué habéis de vestir. ¿No es la vida más que el alimento y el cuerpo más que el vestido? Mirad las aves del cielo, que no siembran, ni siegan, ni recogen en graneros; y, sin embargo, vuestro Padre celestial las alimenta. ¿No valéis vosotros mucho más que ellas? ¿Y quién de vosotros podrá, por mucho que se angustie, añadir a su estatura un codo? Y por el vestido, ¿por qué os angustiáis? Considerad los lirios del campo, cómo crecen: no trabajan ni hilan; pero os digo que ni aun Salomón con toda su gloria se vistió como uno de ellos. Y si a la hierba del campo, que hoy es y mañana se quema en el horno,

Dios la viste así, ¿no hará mucho más por vosotros, hombres de poca fe? No os angustiéis, pues, diciendo: '¿Qué comeremos, o qué beberemos, o qué vestiremos?', porque los gentiles se angustian por todas estas cosas, pero vuestro Padre celestial sabe que tenéis necesidad de todas ellas. Buscad primeramente el reino de Dios y su justicia, y todas estas cosas os serán añadidas. Así que no os angustiéis por el día de mañana, porque el día de mañana traerá su propia preocupación. Basta a cada día su propio mal".

Para reiterar, la seguridad no se encuentra en cosas. No tienes seguridad debido a una cuenta de banco. No tienes seguridad debido a tus inversiones o posesiones. Puedes sentir seguridad de una sola manera: al identificarte como un cauce para el fluir de la Mente Infinita. Las ideas son la moneda de oro del reino, literalmente pedacitos de substancia divina, de la cual moldeamos y formamos nuestro bien. El dinero se puede agotar, las cosas pueden acabarse o perderse o ser robadas, pero las ideas perduran y crean de nuevo. Y cuando tienes presente la gran idea de que eres una expresión individualizada del fluir universal, entonces en verdad, como dice Thoreau: "Puedes vivir con la libertad de una orden más elevada de seres". Cuando verdaderamente sabes eso, luego no importa cómo suban los precios y cómo bajen las acciones, no importa cuán difundidos en los medios publicitarios sean los rumores de recesión, inflación, despido de empleados y escasez, nada de eso te afectará.

Antoinette Bourignon causó un gran revuelo en la vida religiosa de Francia en el siglo diecisiete. Cuando tenía dieciocho años, decidió consagrar su vida a Dios. Su familia trató de disuadirla y trató finalmente de obligarla a casarse lo cual ella no aceptó. Una mañana, movida por una voz interna, Antoinette huyó y no llevó consigo nada, sólo un penique para comprar pan. Al salir, oyó una voz en su interior que le decía, ¿dónde está tu fe?, ¿en un penique? Ella reflexionó un momento, luego puso el penique a un lado, y dijo: "No, Señor, mi fe está en Ti, sólo en Ti". William James comenta sobre esto en su libro *Las variedades de la experiencia religiosa*: "Ese penique fue una pequeña protección financiera, pero un efectivo obstáculo espiritual".

¿Dónde está tu fe? Examínate sinceramente. ¿Está tu fe en tu "penique": tu cuenta de banco, tu empleo, tu seguro, las anualidades para tu jubilación? Puedes decir: "¡Pero hay que ser práctico!" ¡Desde luego que sí! Pero ¿sobre qué base estás edificando tu vida? ¿Puedes tomar la prueba del joven y rico dignatario? ¿Recuerdas el joven acaudalado que deseaba ser discípulo? Jesús le dijo que vendiera todo lo que tenía y lo diera a los pobres, y entonces viniera y lo siguiera. Jesús no dijo que no tuviéramos dinero. Lo que él comprobaba mediante la prueba era ver si el hombre tenía posesiones, o si éstas le poseían. Que el joven "se fue triste" indica que lo mencionado en segundo lugar fue el caso.

¿Estás dispuesto a ponerte a prueba? Cierra los ojos e imagina que se han llevado todo lo que posees de valor, dejándote completamente indigente. ¿Se apodera de ti un temor frío? Entonces, ¿dónde está tu fe? Esta es una chocante prueba de conciencia, y determina con precisión la diferencia entre tu valer material y tu valer espiritual. Invariablemente tendrás ansiedad sobre tu valer material, pero estarás completamente tranquilo sobre tu valer espiritual. En el hebreo, la palabra *seguridad* significa literalmente "digno". La verdadera seguridad estriba en tu dignidad, no en lo que vales materialmente. Si te concentras totalmente en el dinero, las posesiones y los bienes materiales, muy bien puedes estar tratando inconscientemente de cubrir tu falta de mérito. Y cuanto más seguridad requieres para cubrir tu falta de mérito, tanto más sientes inseguridad. Por tanto, a pesar de las posesiones, la cartera de acciones y un buen ingreso, casi con desesperación vives a tono con los indicadores económicos, todo porque tienes un oculto sentido de que no vales. Si verdaderamente sientes que tienes valer, puedes dejar ir todo y poner todo el peso de tu fe en los brazos eternos. Si encuentras una deficiencia por medio de esta prueba, puedes y debes hacer algo acerca de esto. Estudia el primer capítulo de nuevo y trabaja diligentemente para desarrollar una conciencia de Dios como la substancia en la que vives, te mueves y eres.

Ahora te ofrecemos un tratamiento espiritual por medio de afirmaciones con el propósito de que lo uses como una tarea para esta lección. Dilo en voz alta y repítelo varias veces hasta sentir que tu conciencia ha captado su esencia. Y, finalmente, cierra los ojos y deja que la Verdad de las palabras penetren en el nivel más íntimo y profundo —la fase subconsciente— de la mente:

Tengo seguridad, porque sé quién soy: un hijo (una hija) de Dios, y he sido dotado abundantemente. Estoy seguro en todo lo que hago, porque conozco mi unidad con el proceso divino. Estoy seguro en todo lo que tengo, porque sé que mi tesoro está en mi mente, no en mis cosas. Vivo la vida de día en día como si la substancia sustentadora de Dios fuera tan inagotable y segura como el aire que respiro, lo cual es absolutamente cierto.

CAPÍTULO 9

El enigma del dinero

Es poco probable que tu vida pueda llegar a ser completamente próspera a menos que tengas una actitud positiva y creativa hacia el dinero. Es raro que pase un día en que no tengas alguna clase de compromiso monetario con el mundo. Puede que empieces el día con las mejores intenciones de caminar en la luz de la Verdad, pero si no has resuelto el "enigma del dinero", pronto pierdes la conciencia elevada en el momento en que pones la mano en la cartera para sacar dinero.

Una vez un departamento de investigaciones de la Universidad de Michigan hizo un estudio. Esencialmente, se quería saber qué efecto tenía el dinero en la vida de la gente. Tres de sus descubrimientos fueron:

¿Cuál es la mayor preocupación de la gente? ¡El dinero!

159

¿Cuál es la mayor felicidad de la gente? ¡El dinero!
¿Cuál es la mayor infelicidad de la gente? ¡El
  dinero!

Tal vez digas que esos descubrimientos no te incluyen
a ti, porque tu mente está puesta en la substancia eternamente presente de Dios. Pero no importa lo elevado que
sean tus ideales espirituales y cuántas afirmaciones pode-
rosas de la Verdad puedas decir de memoria, aún tienes
que pagar tus cuentas. Emerson obviamente experimentó
dificultades con esto. El habla de un hombre que "llegó a
alturas empíreas y se lanzó a profundidades insondables,
mas nunca pagó al contado".

Incluimos este capítulo en el estudio de prosperidad
comprendiendo perfectamente que hay algunas personas
que creen que es un sacrilegio hablar de dinero en un contexto espiritual. Son prontas a usar citas de la Biblia: El
dinero es la raíz de todos los males. En realidad, de todos
los pasajes de la Biblia, ése es el que más se ha citado erróneamente. Lo que Pablo dijo realmente es: "Raíz de todos
los males es el amor al dinero" (I Ti. 6:10). El dinero es
inocente. Es el amor al dinero, la conciencia en que usas
el dinero, lo que causa mucha limitación. Y puedes decirlo
al revés: "La actitud correcta hacia el dinero es raíz de toda
clase de prosperidad".

Es tal cita errónea de la Biblia (hay muchos otros
casos) lo que ha ocasionado la confusa dualidad sobre el
dinero en las religiones del mundo occidental. Por una

parte, se han condenado las riquezas por ser peligrosas al crecimiento espiritual del hombre, pero por otra parte, las iglesias han necesitado dinero para sostenerse y han acogido a los afluentes; por una parte someten a la gente rica a sermones sobre la maldad de la riqueza, y por otra parte esperan que ella haga los regalos considerables que subvencionan el programa de la iglesia. ¿Cómo puede el dinero, al mismo tiempo, ser una cosa necesaria y en mucha demanda para la vida y, sin embargo, ser un impedimento para el crecimiento espiritual de uno? ¿Cómo puede el dinero ser maldad cuando nadie, ni aun la gente que dedica su vida a Dios, puede prescindir de él?

El dinero sostuvo a Albert Schweitzer en las junglas húmedas y calurosas de Africa donde trabajó dura y desprendidamente para los nativos. Gandhi, en su pobreza extrema, caminando por el país de la India con su taparrabo y un pequeño torno de hilar a mano, dando la idea de la mayor miseria, requería mucho dinero para cuidar a él y a sus acompañantes. Uno de sus seguidores dijo: "Se requiere una enorme cantidad de dinero para mantener a Gandhi viviendo en la pobreza".

Aun Jesús y Sus discípulos eran sostenidos por el dinero. Este aspecto de Su ministerio es raramente considerado, ya que a Jesús le han dado la imagen de un mago que simplemente podía obtener dinero del aire. En el capítulo octavo de Lucas, hay una frase muy reveladora: "Algunas mujeres . . . ayudaban con sus bienes" (Lc. 8:2–3). ¿Qué podría ser más claro que algunos de Sus seguidores eran mujeres con recursos que sencillamente pagaban muchos de los gastos?

Jesús aceptó claramente Su responsabilidad financiera. Observa cómo El accedió a pagar la contribución romana que había sido impuesta a Su grupo. El instruyó a Pedro, el pescador, a ir al mar y tomar un pez, en la boca del cual encontraría una moneda de oro. Los tradicionalistas han considerado esto como uno de los grandes milagros de la Biblia que aparentemente abroga el proceso económico. Este es un ejemplo excelente de la necesidad de comprender el uso contemporáneo del modismo y la metáfora para hacer una traducción exacta de un idioma y cultura a otro. En lenguaje idiomático, claramente identificable, Jesús dijo a Pedro: "Sal y trae una pesca, véndela en el mercado, y tendrás suficiente dinero para pagar el impuesto". Es un tipo de modismo común. Los rancheros en el oeste de Estados Unidos a menudo dicen de un novillo: "El vale $40 en pie (vivo)" y en la India podría decirse de un buey: "Encontrarás treinta monedas de plata en su cuerno". Jesús indicó Su disposición a trabajar dentro del sistema cuando comentó en ese momento: "Dad, pues, a César lo que es de César, y a Dios lo que es de Dios" (Mt. 22:21).

Una cosa es cierta: en el mundo un medio de intercambio monetario es indispensable. Sin dinero, no habría civilización. La cultura y la moneda están relacionadas íntimamente. El trueque pertenece a la gente primitiva y salvaje. La gente tenía que desarrollar un símbolo que vinculara a las personas conjuntamente en sus relaciones comerciales con las ideas espirituales de fe y crédito antes de poder desarrollar una sociedad civilizada.

A través de las edades, cientos de objetos diferentes han servido como el medio de intercambio, y esto incluye a los esclavos, la sal, la pólvora y las mandíbulas de cerdos. Quizás hayas visto retratos de los pedazos de dinero de piedra de siete pies de altura en la isla de Yap en el Pacífico Sur. Dondequiera que cualquier cultura haya surgido, puedes tener la seguridad de encontrar alguna forma de sistema monetario.

¿Qué es el dinero? Los economistas han tenido dificultad en definirlo, a menos que no sea en términos de la función que ejecuta. El economista británico, Sir Ralph Hawtery, dice: "El dinero es uno de esos conceptos que, como una cucharilla o un paraguas, pero no como un terremoto o un ranúnculo, son definibles primordialmente por el uso que ofrecen o para el propósito que sirven". El dinero no es verdadera riqueza en absoluto. Más bien es un recurso para medir riqueza. Observa, por ejemplo, que si el Sistema de la Reserva Federal (E.U.A.) aumentara la cantidad de dinero en el país al poner mil millón de dólares en circulación de la noche a la mañana, esto no añadiría una sola cosa a la riqueza del país.

¿Qué es el dinero? ¿Un pedazo de papel? ¿Quién se agacharía para recoger un pedazo de papel sucio que está en una cuneta? Sin embargo, si ese pedazo de papel sucio tiene la impresión oficial del gobierno de Estados Unidos juntamente con la cifra "100" en sus esquinas, ¿quién no se lanzaría a él y no pondría ese papel sucio en su bolsillo como una posesión estimada?

Así pues, ¿qué es el dinero? El dinero es un símbolo que pone a uno en condiciones para hacer algo. Es una representación tangible de la intangible substancia universal, que te capacita a proveer alimento, abrigo, ropa, diversión, libros, ratos de ocio y seguridad en contra de la indigencia. ¿Cómo hace esto? No construyes tu casa con dólares de papel, y las monedas no son tu comida. El dinero es un símbolo que te capacita para hacer algo, que motiva fe y confianza, crédito y cooperación, los cuales comienzan un fluir de actividad. Yo tomo cincuenta dólares y los entrego al tendero y recibo alimentos a cambio de ellos. El tendero da el dinero a los distribuidores de alimento, y éstos a los proveedores, y ellos al agricultor, quien usa el dinero para comprar semilla y alimento para animales. Y así sucede una y otra vez en un proceso que llamamos la economía. Pero detrás de todo está la substancia básica de la vida, controlada y dirigida por la actividad de la fe.

Capta el pensamiento positivo: *¡El dinero es bueno! ¡El dinero es Dios en acción!* Repite estas palabras unas cuantas veces. El propósito de esto no es conseguir dinero, o amar el dinero por sí mismo. Simplemente queremos eliminar algunos de los pensamientos negativos con los que lo hemos rodeado. ¡El dinero es bueno! No debes sentirte culpable porque lo tienes. El dinero es moneda o fluir creativo de la actividad divina.

El dinero pasa por tus manos muchas veces al día. Puede ser poco dinero si acaso vives a cargo de la asistencia social, o vives de la seguridad social, o pueden ser millones si eres una persona de afluencia. Pero estás constantemente comprando y vendiendo, ganando o gastando. Más de lo que puedas estar consciente, el dinero es una extensión de la persona que lo usa. Tus pensamientos y sentimientos influyen en él, y lo hacen "el vil metal", o bendecida substancia divina. Si piensas positiva y creativamente sobre tu dinero, realmente multiplicas su eficacia. Si lo criticas y menosprecias, en realidad tiendes a disiparlo y ahuyentarlo.

Parece lógico suponer que el dinero represente siempre abundancia, pero no es así. Para la mayoría de la gente, por lo menos la mayor parte del tiempo, el dinero es un símbolo de escasez. Tendemos a pensar en él con relación a lo que nos gustaría tener, o lo que creemos que debemos tener. Por ejemplo, la cifra en tu cheque de paga bien puede ser para ti un símbolo de injusticia ("no me pagan lo suficiente"), de no sentirte apreciado ("no están conscientes de lo mucho que valgo para la compañía") e insuficiencia ("¿cómo puedo vivir de este salario con el alto costo de vida?").

Si te preguntaran: "¿Cuánto ganas a la semana?", probablemente contestarías: "Sólo gano $200 (ó $500 ó $1000) a la semana". Pero ¿por qué *sólo*? Este es un término usado comúnmente en el que la persona hace un inventario de sí misma, pero el término representa invariablemente limitación. ¿Cuánto dinero llevas contigo? "¡Sólo $43.32!" Otra vez, ¿por qué *sólo*? Mientras identifiques de cualquier modo esa conciencia de "sólo" con tu dinero, lo estás desestimando.

Considera todas tus referencias al dinero. A menudo se dice sobre alguna obligación financiera: "¡Oh, es solamente dinero!" Esto es un sutil desaire. Son tales actitudes poco serias hacia el dinero las que crean una resistencia que obstaculiza el fluir de la corriente de substancia. (Nota que "corriente" origina las palabras *moneda corriente*.) ¿Te has fijado alguna vez en la severidad de las caras de las personas cuando buscan dinero en sus bolsos o carteras para efectuar un pago? Esto insinuaría una fuerte identificación negativa. Es necesario cambiar tales actitudes. ¡El dinero es bueno! ¡El dinero es Dios en acción! Siéntete bien en cuanto a hacer contacto con la corriente divina. Maneja el dinero con la sensación gozosa de estar en el fluir.

Saca un billete de un dólar y sostenlo en las manos. Ponlo boca arriba (el lado con la imprenta negra). El rasgo distintivo del dólar en este lado es el número "1" (o "5" o "10" y así sucesivamente). El número representa la limitación del billete. Es un dólar, ni un centavo más.

Ahora voltea el billete al lado verde. Enfoca tu atención en la hermosa inscripción "EN DIOS CONFIAMOS". Observa lo que has hecho. Al voltear el billete, te apartaste de la limitación y te volviste hacia lo ilimitado, te apartaste de "es sólo un dólar" a la Totalidad (confío en la Totalidad de la provisión infinita). Recuerda, tu dinero es una extensión de ti. Es o un símbolo de limitación o de lo ilimitado, de acuerdo con el pensamiento que tengas mientras lo uses. Cuando recibas o gastes dinero, "piensa en verde", y al manejarlo, "mantén el lado verde boca arriba" (desde luego, hablo en sentido figurado). En otras palabras, mantén tu identidad con el dinero como un símbolo de la substancia ilimitada de Dios. Yo compro un artículo en el puesto de periódicos, y entrego al hombre un dólar ("Dad . . . a César lo que es de César"), pero al hacer esto, estoy consciente de entregar el fluir ilimitado de substancia próspera (". . . a Dios lo que es de Dios"). Es una disciplina mental que puede ayudar inmensamente a edificar y mantener una conciencia de prosperidad.

H. C. Mattern había fracasado en casi todo lo que había hecho. Su matrimonio había terminado, su negocio había fracasado y le quedaba un dólar nada más. Se puso tan desesperado que trató de suicidarse, pero hasta en eso fracasó. Entonces surgió en él "el impulso de Prometeo": el ímpetu ascendente del Espíritu en el hombre. La vida es propensa siempre a la curación y renovación. Si eres paciente y receptivo, la luz siempre irrumpe a través de las oscuras nubes y entra precipitadamente en tu corazón deseoso. Por tanto, algo sucedió a Mattern. En un cambio sorprendente, él cesó de acudir a las cosas externas por ayuda. Ya no miraba el dinero como una meta o una vara de medir para el éxito. Comenzó a ver el dinero como una corriente del recurso divino. Y el dólar que le quedaba fue un recordatorio adecuado de ese recurso. Después de todo, era el recordatorio que necesitaba, no el Fuerte Knox (campo militar donde se encuentran las reservas de oro estadounidenses). El volteó el billete al lado verde: "En Dios confío —¡realmente!".

Finalmente, vino a su conciencia una idea que ocasionó una empresa de negocio creativa que le hizo ganar una gran cantidad de dinero, lo bastante para hacerlo un hombre rico si hubiera ahorrado su dinero. En vez de esto, daba la mayor parte del dinero según le llegaba. Dijo: "Desde que dejé de tener puestas las esperanzas en el dinero, he sido feliz y próspero. ¿Por qué volver ahora a mi antiguo modo de ser?

Lo primero que Mattern tenía que vencer era sentir que necesitaba dinero. ¿Has pasado por una época de escasez financiera cuando clamaste: "Necesito dinero"? Esto es una confusión de prioridades. De mucho más importancia, necesitas fe, un fluir de creatividad e ideas. En realidad, se podría decir que tu dinero te necesita. Siempre y cuando grabes en tu dinero el pensamiento de insuficiencia, él continuará representándote engañosamente en el momento de necesidad. Pero si imbuyes conscientemente tu dinero de la idea de abundancia, él empezará a trabajar para ti de manera positiva. De repente, la aparente provisión pequeña se vuelve una dinámica semilla de dinero, y ocasiona un aumento increíble.

Las cataratas en Niágara no serían útiles para nosotros sin las centrales eléctricas que ocupan las riberas para convertir la energía bruta en corriente eléctrica servible que bendice a miles de hogares con poder eléctrico. Del mismo modo, tu dinero necesita tus ideas creativas, tu fe y visión para ser útil para ti. Veamos, siempre tienes esa elección vital. Tal vez no tengas bastante dinero para enfrentar la necesidad, pero tienes en ti siempre *la entrada que puede llegar a ser la salida a todo lo que hay en Dios.* A medida que "volteas el billete al lado verde" y te centras en el fluir divino, creas la condición en tu conciencia que hace inevitable el resultado. Nunca estás lejos de toda la riqueza en el Universo, ella está tan cerca de ti como una idea.

Los libros sobre prosperidad dan ejemplos de magnates como Henry Ford y Andrew Carnegie para ilustrar cómo tú también puedes llegar a ser millonario. El hecho es que estas personas al principio no tuvieron en absoluto la intención de hacer dinero. En cada caso, hubo un desenvolvimiento súbito o progresivo de una idea, que a su vez fue convertida en plantas de automóviles y fábricas de acero. La verdadera substancia que hizo posible todo fue ideas. Las ideas son el fluir de la riqueza del Universo en la mente. Y toda persona tiene su conducto especial hacia la Totalidad de la Mente Infinita. Por tanto, si quieres modelar tu vida según la de algún magnate, recuerda el gran pensamiento de Pablo y deja que haya en ti la misma Mente que hubo en Cristo Jesús. Tienes libre acceso al mismo recurso de la Mente Infinita como el que fluyó tan creativamente por medio de cualquier persona que ha acumulado gran riqueza al producir grandes cosas.

Otro aspecto interesante del enigma del dinero: el papel moneda que tienes en el bolsillo o la cartera una vez representó cierta cantidad de oro o plata. Ahora hay muchas veces tanto dinero en circulación como metal duro para respaldarlo. Los economistas se encogen de miedo y los políticos se alarman con lo que algunos consideran la causa fundamental de la inflación. ¡Tal vez lo sea! Pero para ti, es importante recordar que la riqueza no está en el dinero. . . la riqueza está en ideas. Y las ideas pueden ser controladas por medio de la disciplina mental.

Como un ejemplo, imagina que todos los números están hechos de pequeñas piezas de metal y que está en contra de la ley imprimir números para ti mismo. Cada vez que necesitas hacer una suma en aritmética tienes que proveerte de una cantidad de números, arreglarlos en orden apropiado y luego resolver tu problema con ellos. Y si el problema es complicado en extremo, así como trabajar en la declaración de ingresos, tendrías que ir a un banco de números para obtener mayor provisión. ¿Parece ridículo? Desde luego, los números no son cosas. Sólo son ideas, y puedes sumarlos o restarlos o multiplicarlos o dividirlos tan a menudo como desees. Puedes tener todos los números que puedas usar y resolver problemas en tu mente sin tan siquiera escribir los números en un papel, porque éstos, también, son símbolos que ponen a uno en condiciones para hacer algo.

Nota el paralelo con el dinero. El dinero es un símbolo que capacita a uno para hacer algo, pero simboliza algo que es ilimitado. Si hay carencia en tu vida, puedes ir a un amigo o al banco para adquirir una provisión de esas cosas que llamamos dólares. Es interesante observar que Jesús siguió adelante *sin bolso o cartera*. En otras palabras, El podía manejar las cifras en su mente. Esto se refiere a la mentalidad magnífica que atrae substancia. Como dijo un hombre: "Desde que llegué a estar consciente de ser una expresión individualizada del fluir infinito de substancia, me siento próspero todo el tiempo. Y lo más asombroso es la manera en que el dinero fluye a mí de todos lados. Simplemente, no puedo alejarlo de mí".

En el mundo de los negocios, hay un concepto falso y común de que el capital material, al cual usualmente se refiere como "principal", es todopoderoso. En otras palabras, el dinero es sumamente importante, ninguna otra cosa importa. Esto es completamente erróneo. Cualquier empresa de negocios exitosa demuestra que la integridad y el servicio han sido las llaves de la confianza pública las cuales crearon el éxito. Se dice que J. Pierpont Morgan, cuando se le preguntó sobre su costumbre de hacer grandes préstamos a negocios que tenían crédito limitado, contestó: "Miro el carácter de la persona antes de mirar su colateral". En otras palabras, a él le interesaba más la valía de la persona que sus posesiones. En todos los casos, el verdadero capital fue el principio espiritual.

La llave de toda condición de escasez es el principio espiritual. La pobreza no se corrige con dólares, sino con substancia inmaterial. Puedes dar a un hombre que pide dinero un dólar (o cinco o diez dólares) para comprar una taza de café, pero aun si compra el café y algo de comer, antes de terminar el día tendrá hambre otra vez. A menos que haya un cambio en su conciencia, a menos que despierte a la Verdad sobre su relación con el Universo y se armonice con su propio y especial fluir de provisión que surge de su interior, nada ha cambiado realmente. Los programas para combatir la pobreza deben empezar a pensar en levantar la conciencia de los que piden dinero en vez de darles dinero. La pobreza de cualquier sociedad puede ser controlada, pero sólo si la gente es introducida a la idea expresada por Emerson de que toda persona "es una entrada y puede ser una salida a todo lo que hay en Dios".

El elemento próspero será siempre la substancia inmaterial. Y nunca puede haber escasez de esta substancia en el Universo. Aun en una condición de aparente indigencia, la única carencia con respecto al principio es el pensamiento de carencia. Eres siempre tan rico como crees que eres y la única pobreza es la de la mente. Por tanto, puedes comenzar a hacer algo sobre tu posición financiera en la vida al rehacer tus actitudes sobre ti mismo, sobre el dinero en general y sobre tu trabajo o tus inversiones, como la fuente de tu dinero, en particular. Recuerda: ¡el dinero es bueno! ¡El dinero es Dios en acción! El dinero está directa o indirectamente envuelto en todo lo que hacemos todo el día. Por tanto, es imprescindible tener una actitud positiva hacia él. Aprécialo, bendícelo, mantente receptivo a su fluir.

Charles Fillmore nos ofrece algunos pensamientos importantes en cuanto a manejar el dinero positiva y creativamente:

Observa tus pensamientos cuando manejas el dinero porque tu dinero está ligado por medio de tu mente a la única fuente de toda substancia y todo dinero. Cuando piensas en tu dinero, el cual es visible, como algo unido directamente a una fuente invisible que da o retiene de acuerdo con tu pensamiento, tienes la llave de todas las riquezas y de toda carencia.

Nunca permitas que ninguna clase o cantidad de dinero pase por tus manos sin bendecirlo, ya venga a ti o salga de ti. "Bendecir" es una antigua costumbre que debe ser redescubierta. La palabra quiere decir "conferir prosperidad o felicidad". En otras palabras, al manejar dinero en cualquier ocasión, ten la seguridad de otorgarle actitudes positivas. El dinero es un símbolo maravilloso de la substancia de Dios. Da gracias porque te indica continuamente lo ilimitada que es la provisión universal. Mantén la conciencia de que el dinero es circulación, un movimiento del fluir divino. Cuando llegue a ti, da gracias porque ha fluido del Infinito a través de tu empleo o inversión. Cuando se vaya de ti, da gracias porque no hay disminución, sino realmente un aumento debido a que lo has mantenido fluyendo.

Lo que hacemos con los símbolos es interesante. Considera la cruz cristiana. Al principio, la cruz tenía un significado muy dinámico. Era el símbolo de superación, de victoria, de indicar la tumba vacía y la gran demostración del principio de resurrección. Pero según pasaron los años, se convirtió en un símbolo de tragedia, dolor y humillación. La simple cruz fue adornada con el cuerpo agonizante de Jesús. Hay un adagio oriental que dice: "El maestro señala la Verdad; el estudiante venera al señalador". Por tanto, la cruz se ha vuelto un objeto de veneración. Esto es precisamente lo que muy a menudo sucede con el dinero. El dinero es un símbolo de la circulación o el fluir de la substancia universal. Y ¡cómo tendemos a venerar al señalador! El dinero se convierte en el propósito de la búsqueda de significado en la vida.

Por tanto, cuando tengas cualquier evidencia del fluir de substancia en tu cheque de paga, o por medio de inversiones, o al pagar tus cuentas, o al comprar algo en el supermercado, bendícela. "Mantén el lado verde boca arriba". Deja que te sugiera: "En Dios confío —¡realmente!"

Determina que el dinero será siempre un símbolo de abundancia, no de limitación. Cuando te estableces firmemente en un equilibrio de bienestar espiritual, habrá un movimiento correcto y natural en tus asuntos donde la substancia fluirá libremente con relación al dinero que te hará posible vivir con mayor abundancia.

CAPÍTULO 10

Descubre la maravilla de dar

En un libro que trata sobre prosperidad, podríamos suponer que el énfasis se diera en "cómo conseguir". Tal vez ahora comprendas por qué decimos que tal énfasis no es sólo excesivamente materialista, sino también engañoso en extremo. Todo estudio de prosperidad falla a menos que te enseñe a dar y el motivo de dar. Y es precisamente sobre esto que trata este capítulo.

El dar no se refiere sencillamente al dinero. Es un proceso que puede envolver dinero, pero además envuelve tu trabajo y las muchas maneras en que estableces contacto con la vida. Dar es básicamente una actitud que influye en las cosas.

La palabra *dar* se ha identificado tanto con los actos piadosos de filantropía que es difícil pensar en esa palabra sin referirnos al "anuncio comercial de la iglesia". Se ha dado énfasis al propósito con que se da el regalo y las recompensas que consisten en "gracia celestial", un nombre en una ventana con vidrio de color y una buena deducción en la declaración de ingresos.

En los últimos cuarenta años ha habido una conmoción dramática en los estilos de vida de la gente en el mundo occidental, y esto se debe a la influencia de un número de revoluciones a las que se le han dado mucha publicidad. El movimiento femenino ha ocasionado notables beneficios en relación a las libertades en el hogar y trabajo. Los computadores han invadido y cambiado nuestras vidas completamente. Las actitudes sexuales se han vuelto sorprendentemente relajadas. Los grupos de minoría suben a la clase media cada vez más. Pero hay otra revolución que ha tenido un impacto muy difundido: la actitud predominante hacia el dinero y el éxito, y los métodos aceptables para alcanzar el éxito. Gradualmente se ha desarrollado un énfasis en conseguir a toda costa lo que uno quiere cuando uno lo quiere. En esto, cualquier medio, no importa lo inescrupuloso que sea, es justificado al trabajar para el éxito. Llegar a la cumbre es lo importante, ya la persona merezca o no el derecho de estar allí.

Ideas como ésas llegan a ser muy populares entre la gente que se encuentra perdida y está confundida en el mundo del materialismo, gente que pregunta, ¿qué es la vida? y las respuestas la dejan vacía. Por tanto, la gente ha concluido que la vida es una competencia entre personas que no tienen otra alternativa que empujar agresivamente en el mundo y luchar para obtener lo más que pueda y hacer el menor esfuerzo por ello.

Sin embargo, esto hace caso omiso de un punto muy importante: la vida no se vive de lo externo hacia lo interno, sino de lo interno hacia lo externo. A menos que comprendamos esto, pasamos por alto todo el significado de la vida. El propósito de la vida no es adquisición, sino desenvolvimiento y desarrollo personal. Aun en la enseñanza metafísica, ha habido un tremendo viraje hacia esa actitud revolucionaria acerca del dinero y las cosas. Por tanto, muchos libros y cursos enseñados por maestros de la Verdad enfatizan las técnicas de cómo demostrar dinero, posesiones, empleos y éxito. El tema constante es apodérate, apodérate, apodérate, apodérate. Sólo sosten el pensamiento correcto, y puedes conseguir todo lo que quieras. Y se llega al nivel más craso de materialismo cuando los grupos de estudiantes de la Verdad son dirigidos en canciones de prosperidad en las que el estribillo es: "¡Dinero, dinero, dinero!" Una triste derogación de un bello proceso espiritual.

Se atribuye en gran parte esta tendencia contemporánea hacia el materialismo al descuido lamentable por parte de la iglesia al enseñar la ley de dar. Las instituciones religiosas han fracasado rotundamente respecto a esto, indudablemente porque han estado preocupadas por la necesidad de recibir ayuda. Los predicadores han hablado del dar como "devolver a Dios una porción de nuestro ingreso". A los que asisten regularmente a las iglesias les han inculcado aceptar devotamente esta forma de idealismo. Sin embargo, esto evade completamente la cuestión de la acción de dar —algo muy arraigado en nuestro interior— al tratar con un débil Dios de los cielos que negocia con nosotros para que Le devolvamos una porción de lo que nos ha dado.

Jesús dijo: "Considerad los lirios del campo, cómo crecen" (Mt. 6:28). Por ley de la naturaleza, el lirio crece y se desarrolla de bulbo a flor. Es un desarrollo perceptible desde su interior hacia fuera. La flor no se ve obligada a devolver una porción de su fragancia, color y forma a la naturaleza. No hay manera que ella pueda hacer eso aun si lo quisiera hacer, porque la vida es una experiencia hacia adelante, hacia el crecimiento y el desarrollo. No pases por alto la implicación de esta sencilla ilustración. Tu vida es el regalo de Dios para ti. Lo que haces con ella es tu regalo a Dios.

Dos hombres participaban en una viva conversación. A medida que la discusión se volvía más acalorada, se oyó a uno de los hombres decir: "Dime una cosa, ¿qué provecho voy a sacar de eso?" Esta es una actitud muy común. ¿Qué provecho voy a sacar de eso? No se pregunta cuánto más se puede dar a un empleo o a una relación, sino ¿cómo puedo estar seguro de obtener lo mío?

Un artículo en la página editorial del *New York Times* discutía recientemente la carencia del sentido de ética en los empleos entre la nueva generación de personas de veinte a treinta años que acude al mercado de empleos. Un jefe del personal es citado y éste se refiere a los nuevos "holgazanes con beneficios". Dice que durante una entrevista, cuando los deberes del empleo eran explicados, esas personas apenas los escuchaban. Hacen preguntas sobre salarios, vacaciones, días libres por enfermedad y otros beneficios adicionales. Buscan empleadores por los beneficios que ofrecen. Esto para ellos parece ser lo importante del empleo. Están listos a recibir, pero no a dar. Una vez que están empleados, el síndrome continúa. Por la mañana ellos llegan siempre tarde, toman los más largos descansos para tomar café y el más largo tiempo para almorzar; y pasan la gran parte del día en conversaciones que consumen tiempo. Y luego están listos para salir a las 4:30 P.M. cuando la hora de salida es las 5:00 P.M. El jefe del personal dice que sus destrezas son bajas y su motivación aún más baja. Además, parecen sufrir de enfermedades raras tales como "la aflicción de los lunes" y "la parálisis de los viernes por la tarde". Ellos pueden ser productos de la difundida "psicosis del bienestar" que ha afligido a incontables familias en la generación pasada. Parecen decir al jefe: "Págueme por estar aquí, no por lo que yo puedo hacer".

Si eso es verdad, es una crítica dura e incitante de la generación contemporánea. Tal vez sea una crítica exagerada, más bien una caricatura de la situación verdadera. Sin embargo, cualquier persona que ha trabajado en la capacidad de supervisor estará de acuerdo prontamente en que hay por lo general dos tipos de personas en la vida: _los dadores y los tomadores_. Una palabra de precaución: por favor, no estés de acuerdo con eso como una crítica —pensando: "Oh, sí, conozco muchas personas que sólo están dispuestas a tomar y a recibir". No hablamos de "esas personas". Hablamos de ti. Ve esto como una prueba para ti mismo. No tratamos de cambiar a otros. Nuestro objetivo en este libro es _ayudarte a ti_ a ser transformado por medio de la renovación de tu mente.

Los _tomadores_ son las personas que creen que sus vidas serán siempre el total de lo que pueden adquirir del mundo. Siempre piensan en adquirir, adquirir, adquirir. Ellos planean y traman maneras de obtener lo que quieren en dinero, amor, felicidad y toda clase de bien. No importa que apliquen técnicas metafísicas, aún pueden muy bien ser _tomadores_. Mas no importa cuáles sean sus ideales espirituales o carencia de cualquiera de ellos, no importa lo que adquieran, nunca pueden saber lo que es paz, o seguridad, o satisfacción.

Los _dadores_, por otra parte, están convencidos de que la vida es un proceso de dar. Por tanto, la motivación sutil en todas sus acciones es darse con amor, en servicio y en toda manera útil que pueda ayudar. Siempre están seguros, porque saben intuitivamente que el bien fluye de su interior.

En el decimosexto verso del tercer capítulo de Juan, está la afirmación clásica que los cristianos fundamentalistas repiten tanto: "De tal manera amó Dios al mundo, que ha dado a su Hijo unigénito, para que todo aquel que en él cree no se pierda, sino que tenga vida eterna". Se cree y se enseña comúnmente que esto se refiere a Jesús, que Jesús es el Hijo unigénito, y al creer en El, logramos vida eterna. Toda la estructura del punto de vista tradicional cristiano descansa en este concepto fundamental, que es, en general, un malentendido. Meister Eckhart, monje místico medieval, da la llave que revela el significado verdadero de Juan 3:16: "Dios nunca engendró sino un hijo, pero el eterno siempre engendra al unigénito". En otras palabras, Dios te amó tanto que Dios te dio lo que sólo Dios engendra. Mientras mucho de tu ser humano tiene la influencia de tus padres y, también, de tus experiencias sociológicas en la vida, aún hay aquello en ti, en toda tu persona, en tu Ser, que solamente Dios engendra. Y si crees en lo que Pablo llama el Cristo en ti, empiezas a sentir la vibración eterna de la vida. Qué idea trascendental: ¡tienes tu propio y especial fluir de lo divino! Es por esto que Emerson dice que toda persona tiene la necesidad de su propia "experiencia directa e inmediata de Dios".

Sin embargo, el aspecto más importante de Juan 3:16 es "De tal manera amó Dios al mundo, que ha dado". Dios es la divina acción de dar del Universo. Y tú eres creado en la imagen y semejanza de este divino dar. La vida no puede tener sentido para ti y no puedes comprender el fluir libre de la substancia en tu experiencia hasta empezar a verte como dador. Esto puede significar un cambio completo en tu enfoque de la vida, en el que piensas en "dar" en vez de en "tomar". En tu búsqueda espiritual, tratas de establecerte en una relación unitiva con el fluir divino. Nunca puedes alcanzar realmente este nivel de conciencia hasta que el dar se vuelva el objetivo principal de tu vida. Y cuando así sea, cuando descubras la maravilla de dar, te vuelves gozosamente un dador irremediable. Medita mucho en este punto, porque es una de las claves más importantes de la ley de prosperidad.

La vida para la persona completa es un proceso de dar. No hablamos específicamente sobre dar a iglesias, obras de caridad, y así sucesivamente. Hay muchos medios por los cuales puedes encauzar tu dar. Hablamos sobre actitudes hacia la vida, la conciencia básica de que la vida es cuestión de desarrollo o desenvolvimiento interno. Es saber que la vida no es algo para adquirir o tomar, sino algo para expresar; es la conciencia satisfaciente de que tu propósito es siempre expresar, no importa el nombre que tenga tu vocación en el mundo.

Hay una pintura inspiradora creada por el pintor alemán, Rosenthal, que se titula *La bendición del trabajo*. Ella representa a un chico que esculpe una estatua de tamaño natural de la Virgen María. La figura, casi terminada, descuella sobre el joven pintor, y mientras él trabaja asiduamente esculpiendo los detalles de los pies, María lo mira amorosamente y con los brazos abiertos lo bendice. Mientras él se da al fluir creativo, en cambio recibe dinámica e inmensurablemente. La pintura revela mucho más: la luz fluye por la ventana abierta y sus rayos le bañan con un aura de iluminación. En una placa grande sobre la pared, un coro celestial canta alabanzas directamente hacia él. A su lado, hay lo que suponemos que sea un cuadro de su madre a quien usa como modelo, y con las manos juntas en devoción, ella lo bendice. Por tanto, todo el tono de la obra sugiere que el Universo entero se apresura, corre y se vierte en el chico, mientras él se da calladamente en esfuerzo creativo. La pintura es un hermoso testimonio visual de las palabras de Jesús: "Dad, y se os dará".

Podríamos hacer la pregunta cínica, ¿qué provecho va a sacar el chico de eso? La figura esculpida tal vez algún día le traiga fama y fortuna. O puede ir a parar en una buhardilla en algún lugar, descartada e inútil. Pero lo importante es que nada puede exceder o disminuir la recompensa que el chico recibe mientras trabaja. Aun más, esa pieza esculpida nunca podría ser duplicada por una persona que carece de la actitud dadora del chico, que es una faceta importante de su genio. Hay muchos pintores, escultores, compositores y constructores diestros, hasta excepcionales. Mas el genio verdadero es aquel cuya destreza es levantada, como un arpa eolia, por medio de la cual los vientos del dar desinteresado soplan firmemente y crean música etérea. Alguien ha dicho que la arquitectura es "música congelada". Tal vez esto sea verdad de todo gran arte. Tal es la ley de dar.

"¿Qué provecho voy a sacar de esto?" Puedes decir eso de tu empleo actual, tal vez porque creas que no eres remunerado adecuadamente por el trabajo que haces y las responsabilidades que tienes. Si descubres la maravilla de dar, encontrarás una gran bendición de satisfacción interna en tu trabajo, que llevará a un mejor empleo, y por la ley del proceso causativo, a una mayor experiencia de afluencia, que puede llegar a través de tu empleo, o a través de muchos medios diferentes. La ley es exacta: si *das*, si trabajas verdaderamente en una conciencia dadora, *debes* recibir. Si tú, a estas alturas, todavía haces la pregunta: ¿qué provecho voy a sacar de esto? entonces te pagan excesivamente mal, aunque tu salario sea más de $100,000 al año. Si todo lo que recibes de tu trabajo es un cheque de paga, te estás engañando a ti mismo.

Un predicador ambulante fue invitado a predicar en una parroquia vecina y llevó a su hijito con él. Al entrar en la iglesia, vio un cofre de donativos, y siguiendo sus buenos instintos, depositó medio dólar en él. Después que había terminado su sermón y la congregación se había ido, el ministro de la parroquia dijo: "No somos una parroquia muy próspera, y todo lo que podemos pagar es lo que se encuentra en el cofre de donativos". Por lo tanto, abrió el cofre y le dio al visitante el medio dólar —todo lo que se había puesto en el cofre. El visitante le dio las gracias y partió, si no con regocijo, al menos con resignación. Caminaron en silencio una distancia, y luego su sabio hijito dijo: "Caramba, papá, si hubieras puesto más en el cofre te hubieran dado más". Tal es la gran ley de dar.

¿Quién no ha exclamado en algún momento crítico de su vida, "mi vida no tiene sentido"? Esta sensación de no tener sentido es la mayor causa de depresión y adicción compulsiva que se manifiesta como comer en exceso, alcoholismo y adicción a drogas. Pero como puedes ver, la vida no tiene sentido. Solamente tú tienes sentido. Tiene casi tanto sentido decir: "Mi vida no tiene sentido" como estar en una cueva oscura con una linterna eléctrica sin prender en la mano, y decir: "Este sitio no tiene luz". Jesús diría: "Deja que tu luz brille". El significado no se encuentra "allá fuera", en un empleo, una persona, o una relación. El significado es algo que liberas de tu ser interno. Tú das significado a tu trabajo, a tus experiencias, a toda relación con la gente. Muchas personas encuentran que sus vidas cobran un gran significado en un tipo de trabajo que para otros sería muy aburrido. No es el trabajo, sino el sentido de dar con que se hace el trabajo.

Cuando una persona joven empieza a pensar sobre oportunidades en las profesiones, puede preguntar: "¿Hay una buena especialidad para mí?" Es un momento crítico en su vida. Si la persona te pregunta por consideración a tu experiencia y madurez, estás en condiciones de ofrecerle una nueva percepción que puede ser una bendición para ella durante toda su vida. Ella está en una encrucijada, un camino la lleva a *tomar* y otro camino la lleva a *dar*. Si eres sabio, contestarás su pregunta con otra pregunta: "¿Quieres decir cuál es una buena especialidad, o cuál es una buena especialidad para ti?" Luego ella puede preguntar: "¿Qué especialidad pagará más dinero?" Debes contestar sabiamente: "Resiste a hacer esa pregunta mientras puedas. A la larga, el trabajo que prosperará es al que puedas entregarte con el mayor entusiasmo. Si tomas el trabajo que ofrece el mayor ingreso inmediato, bien puedes frustrar tu potencial, hasta tu poder para ganar, a la larga, mayor sueldo". Ella tal vez persista en decir: "¿Pero no debo tratar de encontrar un empleo que tenga porvenir?" Puedes decir entonces: "Ningún empleo tiene porvenir. El porvenir está en ti. Cuando encuentras el lugar correcto para ti, liberarás aquello que creará un porvenir bueno, feliz y exitoso".

El presidente de una gran compañía de ferrocarril estaba en un recorrido de inspección cuando se encontró con un obrero en una brigada con quien había trabajado haciendo ese mismo trabajo aproximadamente cuarenta años antes. El saludó simpáticamente a su antiguo amigo y recordó los viejos tiempos. El viejo y cansado obrero dijo: "Bert, tú has ido lejos desde la época en que juntos colocábamos rieles". El ejecutivo dijo: "No, Sam, eso no es cierto. Tú colocabas rieles; yo construía una vía férrea". Ahí está la diferencia. Si eres secretaria, ¿sólo escribes cartas, o ayudas a tu compañía a vender productos? Si trabajas en un departamento de limpieza y recogida de basuras, ¿simplemente barres las calles, o ayudas a mantener la salud de la comunidad? Analiza tu actitud hacia el trabajo. ¿Vas a trabajar por la mañana con deseo? ¿Es tu empleo una experiencia feliz? Si no lo es, probablemente estés cansado hacia fines del día y exhausto cuando llegas a tu casa al atardecer. Tal vez atribuyas el agotamiento a la cantidad de trabajo que haces. Pero probablemente el agotamiento es el resultado de tu resistencia y resentimiento. Puedes sentir que no te aprecian, que te pagan mal y te hacen trabajar demasiado. Y podría ser verdad. Pero tu vida se vive de adentro hacia fuera. No importa las condiciones que prevalezcan en tu lugar de trabajo, lo que sucede en ti es el resultado de tu conciencia. Podrías encontrar un compañero de trabajo en tu departamento que se siente perfectamente feliz allí. La diferencia no estriba en que a él o a ella lo traten diferente, sino que él o ella trata el trabajo por hacer de manera diferente. Empieza con el pensamiento de *dar*, y la fatiga que la resistencia produce te dejará rápidamente.

Una de las frases más significativas en la Biblia es "espera en el Señor" (hay varias referencias en el Libro de los Proverbios y en el Libro de los Salmos). Esta frase viene de la palabra hebrea *qavah*, que significa "vincular". Por tanto, esperar en el Señor no quiere decir sentarte y enlazar las manos en la fe de que Dios lo hará todo para ti. El hecho es que Dios no puede hacer más por ti que lo que Dios puede hacer a través de ti. Esperar en el Señor no es inacción o demora. Esa frase quiere decir integrar tu conciencia en el fluir divino. Es muy importante hacerlo antes de emprender cualquier proyecto; esperar en el Señor es una experiencia de oración consciente en la que vuelves tus pensamientos hacia tu interior y te estableces en el fluir del proceso creativo. Este es un momento importante, "el momento de Dios", antes de irte a trabajar, o antes de salir en busca de empleo. Solamente aquiétate y céntrate, siente la energía creativa del Espíritu hormigueando en las yemas de los dedos de tus manos, guiándolas, dirigiendo tus pasos, hablando a través de ti, ayudándote a hacer fácilmente y bien lo que debe hacerse.

Lo primero en suceder es olvidar que hay una recompensa por el trabajo que haces. Ya no trabajarás por dinero. Te pagarán, desde luego, mas será una recompensa adicional por el trabajo que te encanta hacer. Te llegarán deseos de hacer todo lo que puedes y sepas hacer. No hay un empleo en todo el mundo que no pueda hacerse mejor que el trabajo hecho por trabajadores que cambian sus actitudes hacia él. Y nadie obra correctamente para sí o su jefe si simplemente mantiene las apariencias, esto es, hace ver que él o ella trabaja. Si quieres trabajar para tener la clase de conciencia que te mantendrá en el fluir dador, empieza todos los días con el compromiso:

Haré mejor y mejor y requetemejor lo que hago, y haré más y más de lo que hago.

Cuando comienzas a comprender ese principio de vida, sabrás que hay una fuente de vida, substancia e inteligencia en ti, y es tu privilegio ceder —cuando quieras— a su fluir. Esto puede llevar a uno de los discernimientos más importantes en tu vida: si hay carencia de cualquier clase, ya sea la necesidad de empleo o dinero o guía o aun curación, *algo bloquea su fluir.* Y el remedio más eficaz:

¡Dar! Tal vez pienses que necesitas recibir, que tus manos están vacías y necesitas recibir de alguien. A ver, bajo la ley de dar, cuando estás en un aprieto, hay una solución: dar. Busca alguna manera de empezar el fluir dador. Comprométete a dar de alguna forma. No a regatear con Dios, porque eso es algo así como posponer dar hipócritamente. Es algo así como decir: "Bueno, Dios, si Tú haces esto y aquello, entonces yo haré eso y aquello. Pero hazlo Tú primero". Más bien, haz un convenio contigo mismo. Podría ser una ofrenda de agradecimiento a un lugar del cual has estado recibiendo ayuda espiritual; podrías dar más en tu trabajo; podrías hacer algo por una persona que necesite ayuda; hasta podrías simplemente dar algo que posees que casi nunca usas.

¡Hay que dar! Es tan fácil apesadumbrarte debido a la necesidad extrema de recibir. Hasta podrías pensar: "Cuando demuestre provisión, enviaré un regalo a la iglesia". ¿Por qué no das ahora? Y si no hay dinero, vete a la iglesia o a alguna organización filantrópica y ofrece tus servicios voluntariamente. Si estás desempleado, únete al fluir dador al ofrecer tus servicios a alguna actividad de la comunidad u ofrecer ayuda a una persona joven que pueda estar luchando en una nueva empresa de negocio, o quédate en tu casa y mantén las manos y la mente envueltas en una actividad creativa. Dedica un tiempo a examinar cuidadosamente tu buhardilla, tus roperos y gavetas para ver si encuentras cosas que raramente o nunca usas que puedan bendecir a alguien abundantemente, y así obtienes gran placer y satisfacción espiritual al dar. No hay nunca un momento en que no puedas encontrar alguna manera de empezar el fluir del dar, que a su vez abrirá el camino para tu bien.

Jesús expresó claramente la ley divina: "Dad y se os dará" (Lc. 6:38). El fluir divino sólo requiere una cosa de ti: tu consentimiento para recibir. Es como una llave de agua que debemos abrir para que el agua fluya libremente. Jesús enfatizaba la necesidad de tener una conciencia de dar para sostener el fluir del bien en tu vida. Con esto El no quería decir simplemente dar dinero. A menudo el libro o maestro religioso, por interés propio, insiste en que el dar debe ser a la iglesia. Dar es un estado de conciencia que puede manifestarse de muchas maneras diferentes. ¡Mas lo importante es pensar en dar! Di a ti mismo: "Pensaré en dar hoy. Pensaré en dar todos los días de mi vida. La ley es clara. Promete: piensa en dar, y recibirás. La ley es una clave fundamental para alcanzar prosperidad.

Una conciencia verdaderamente dadora es la alternativa creadora al énfasis mundano de lograr éxito por medio de la intimidación, o de triunfar por medio del egoísmo positivo. La conciencia dadora es la mejor manera. Y la persona que se compromete a dar es dueña de una felicidad indestructible, es una persona segura, satisfecha y próspera.

Cuando descubres la maravilla de dar, te preguntarás cómo has podido vivir tanto tiempo de otro modo. Dar es la llave que activa la Verdad, abre la puerta del bien que has buscado y añade una sensación de calor a la vida. Dar puede ser uno de los grandes descubrimientos de tu vida. Cuando te comprometes a dar, no puedes volver a tu antiguo modo de vivir, así como no puedes volver a la vida de los tiempos prehistóricos.

Hay un nuevo mundo esperándote, un nuevo nivel de vida que puede desarrollarse para ti y una nueva experiencia del dinamismo de la Verdad que has estudiado. Descubre la maravilla de dar. Es el mejor camino. Y llegará el día cuando insistas en que es el *único* camino.

11

Un nuevo enfoque al diezmo

Un estudio sobre el tema de prosperidad incluye invariablemente la costumbre de diezmar. En la mayoría de los casos, el diezmar se enseña con un dogmatismo sin paralelo en todo el estudio de la Verdad. Los diezmeros tienen fe absoluta en esta costumbre y hablan con entusiasmo de los beneficios que han obtenido. Sin embargo, muchas personas que sufren las consecuencias de la situación económica apurada, tienen ciertas dudas sobre diezmar.

A la idea de diezmar a menudo se le ha atribuido raíces místicas que tienen su origen en el libro del Génesis, donde Abraham dio un diezmo de todo lo que tenía a Melquisedec, rey de Salem, quien le había bendecido. Hoy día hay muchas denominaciones religiosas que requieren el diezmo de todos sus feligreses.

Muchos otros grupos religiosos sugieren que es una disciplina útil. Basándose en la creencia fundamental que el diezmar es ley de Dios, se han expuesto muchos argumentos muy persuasivos.

Al principio, establezcamos el punto de que diezmar es una costumbre excelente que recomendamos firmemente a toda persona que busca cambiar una vida de indigencia a una vida de afluencia. Y en este capítulo, queremos investigar profundamente la costumbre, más allá del modo superficial, ilógico y materialista con que se enfoca normalmente. Usualmente alentamos a diezmar por razones incorrectas. Algunas de las reclamaciones que se hacen y algunos de los argumentos que se exponen hacen del concepto de diezmar una indisculpable materialización de una hermosa ley espiritual.

¿Es la práctica de diezmar un fundamento en este "nuevo discernimiento en la Verdad"? ¿Es una costumbre bíblica? ¿Fue parte de la enseñanza de Jesús? ¿Dónde yacen sus orígenes? y ¿cómo se ha desarrollado hasta la época contemporánea?

Los estudiantes de la Biblia saben que el Antiguo Testamento a menudo se refiere a la práctica de diezmar. La referencia clásica se encuentra en Malaquías 3:10: "Traed todos los diezmos al alfolí (al granero) y haya alimento en mi Casa: Probadme ahora en esto, dice Jehová de los ejércitos, a ver si no os abro las ventanas de los cielos y derramo sobre vosotros bendición hasta que sobreabunde". ¡Es una hermosa afirmación, verdadera poesía!

¿Quién puede oponerse a eso? Desde luego, no hay razón para hacer tal cosa. No obstante, tampoco hay razón para no examinar la práctica en el tiempo de Malaquías.

Bajo la ley levítica, el diezmo era una forma de impuestos que se requería a los hebreos, una porción del producto agrícola de la tierra y de sus rebaños. No era en absoluto una ofrenda de amor o una contribución caritativa. En una forma de gobierno religiosa, una teocracia, el diezmar a menudo ha sido el método de crear ingresos para mantener el gobierno. Ya que Dios es el verdadero soberano, racionalizamos fácilmente que la tesorería del gobierno es el tesoro del templo del Señor.

En los primeros años de Israel, bajo la dirección de Moisés, la nueva nación se formó al ser dividida en doce tribus. Una de las tribus, la tribu de Leví, fue escogida para servir como la clase sacerdotal. Repito, en una teocracia, los sacerdotes están a cargo del gobierno. Por tanto, los levitas llegaron a ser la burocracia, y el sistema que los sostenía era el diezmo. El diezmo no era voluntario en absoluto. El código de Moisés se hacía cumplir rigurosamente, y en algunos casos las infracciones merecían la pena de muerte. Trazamos la práctica contemporánea de diezmar a esa fuente bíblica.

Sin embargo, el diezmo no se originó allí. Algún modo de diezmar fue practicado casi en todo el mundo antiguo. Encontramos evidencias de esto en Babilonia, Persia, Egipto, Roma y aun en China. Ten presente que era un diezmo a la manera de un impuesto, que probablemente

se originó como un tributo establecido por un astuto conquistador o soberano a sus súbditos. Se puede suponer
que la costumbre de dedicar una décima parte de los bo-
tines de guerra "a los dioses" con tiempo ocasionó una extensión religiosa de la frase "dar el diezmo a Dios". Es muy
probable que cuando Abraham dio un diezmo de su re-
baño a Melquisedec, el rey de Salem, pagaba realmente un
tributo al soberano por dejarlo pasar sin peligro a través de
su país.

Al no comprender todo eso, o posiblemente no querer
comprenderlo, los maestros y escritores religiosos, al
querer citar autoridades sobre la práctica contemporánea
de diezmar, han indicado muchos ejemplos en el Antiguo
Testamento que se refieren al diezmo. El argumento que
se usa por regla general es "si una décima parte era re-
querida bajo la ley en aquellos tiempos antiguos, ciertamente no es menos justo que debamos dar gozosamente
ahora". Ahora bien, sin juzgar los méritos de diezmar,
¿no es ese razonamiento algo ilógico? Bajo su ley, los israelitas estaban atados a muchas costumbres restrictivas.
Hay referencias a gente que en realidad fueron apedreadas
a muerte por nada más que recoger trigo en el día de descanso (Sabat), porque eso era una infracción clara del
cuarto mandamiento. Mas no damos muerte a la gente en
los tiempos modernos por jugar golf los domingos. Ah,
pero los tiempos han cambiado, decimos. Pero, ¿por qué
debe permanecer igual la rigidez de la costumbre de diez-

mar, aun cuando no era un proceso de dar en los tiempos bíblicos?

Parece que el propósito de la vida de Jesús fue reformar las leyes y costumbres del Antiguo Testamento desde el punto de vista de los tiempos contemporáneos y sus necesidades. Por ejemplo, refiriéndose a muchos de los mandamientos, dijo esencialmente: "Ustedes han oído que a sus antepasados se les dijo . . . pero yo les digo". Luego les dio un discernimiento práctico para la vida. El no era un rebelde resuelto a infringir la autoridad de la ley eclesiástica. El era judío, criado en las tradiciones de la sinagoga. Y dijo: "No he venido a abolir (la Ley), sino a cumplir" (Mt. 5:17).

Si te interesa, examina con cuidado los Diez Mandamientos. Estos parecerían ser una serie de leyes restrictivas que indican líneas de conducta por medio de las cuales los israelitas debían vivir. Sin embargo, los estudiantes sabios de la religión práctica los detallaron hasta llegar a su esencia fundamental, donde pueden ser vistos como un sistema que da apoyo para la persona que no ha madurado espiritualmente. Los infantes pueden necesitar corralitos y los niños pueden necesitar cercas para evitar que salgan al peligro. Pero según la gente madura, el momento debe llegar cuando ella deja lo que era de niño. Por ejemplo, una señal de madurez en los adolescentes es cuando deciden llegar a su hogar a una hora "razonable" porque necesitan descanso para asistir a la escuela al día siguiente,

no sólo porque sus padres se lo digan y les quiten, si deso-
bedecen, el dinero que les proveen regularmente para sus
gastos personales. Así sucede con la idea de diezmar. Si
podemos aceptar la antigua práctica como una forma de
"contribución obligatoria", luego, como con los Mandamientos, su intención es ser algo así como un enrejado
para plantas trepadoras por el cual podríamos ser fortale-
cidos en nuestro primer período de crecimiento espiritual.
Mas el tiempo debe llegar cuando dejemos ir esa obligación rígida, de manera que podamos dar espontáneamente
con amor y libertad, y tener la satisfacción de que lo que
damos iguala al diezmo o hasta lo excede.

Muchos maestros en el campo del Nuevo Pensamiento
o de la metafísica han dado firme énfasis a la disciplina de
diezmar. En vista de Su tentativa constante de mejorar las
leyes mosaicas y de Su claro bosquejo de los principios de
vida abundante, se podría suponer que Jesús tendría mucho que decir sobre el tema. En realidad, a Jesús nunca se
Le cita dando apoyo a diezmar. La razón es obvia: El
hace sólo dos referencias a la práctica, y en ambos casos
se refiere a diezmar como una práctica de alguien a quien
se critica.

En una de Sus invectivas a los fariseos, Jesús dijo:
"¡Ay de ustedes, maestros de la ley y fariseos, hipócritas!,
que separan para Dios la décima parte de la menta, del
anís y del comino, pero no hacen caso de las enseñanzas más importantes de la ley . . . ¡Ustedes, guías ciegos,
cuelan el mosquito, pero se tragan el camello! (Mt. 23:23–24,

Versión Popular). Desde luego, eso no recomienda el diezmar.

En Su parábola del fariseo y el publicano (cobrador de impuestos), el fariseo, de pie, oraba: "Dios, te doy gracias porque no soy como los otros hombres: ladrones, injustos, adúlteros, ni aun como este publicano; ayuno dos veces a la semana, diezmo de todo lo que gano" (Lc. 18:11-12). Luego Jesús dijo que el publicano sería justificado, no el fariseo. De nuevo, no se elogia la costumbre de diezmar. No debemos inferir con eso que Jesús condenaba la práctica de diezmar. Mas nos hace comprender que para Jesús el guardar el código rígido de diezmar como un ritual es mucho menos importante que los "asuntos más importantes" de la conciencia. Y ya que El hizo referencia al tema, ciertamente si hubiera creído, en su manera elevada de desenvolvimiento espiritual, que diezmar era un "deber", hubiera expresado una opinión clara sobre eso. Mas no lo hizo.

Es importante observar que Jesús fue muy específico en Su enseñanza sobre la ley de dar (nota que hacemos una distinción definitiva entre la práctica de diezmar y el proceso espontáneo de dar): "Dad y se os dará; medida buena, apretada, remecida y rebosando darán en vuestro regazo, porque con la misma medida con que medís, os volverán a medir" (Lc. 6:38).

El Antiguo Testamento trató con la ley de dar, que es fundamentalmente *sustentadora*, a base de la práctica de diezmar, que fue completamente *coerciva*. Diezmar fue algo que a los israelitas se les requería hacer. Jesús enseñó la ley de conciencia, que uno siempre tiene una elección, aunque uno debe vivir con los resultados de su elección. Recibes según das, y si deseas recibir más, puedes dar más. Mas tienes completa libertad.

En los tiempos del Antiguo Testamento, el diezmar era una disciplina forzada establecida por gente que no tenía el desarrollo espiritual necesario para trabajar con la ley divina. Ocupó su sitio junto a cientos de leyes y ritos que gobernaban todo desde la higiene hasta la meditación. Así como las ruedas de entrenamiento en una bicicleta ayudan a un joven a ir montado en bicicleta por sí solo, así todas esas leyes eran correctas y apropiadas para la gente de aquella época.

Esto no quiere decir que las "ruedas de entrenamiento" no nos beneficien en muchos aspectos de nuestro desarrollo sociológico y espiritual. Ciertamente la práctica de diezmar es un proceso de adiestramiento excelente. Podemos leer docenas de testimonios de personas que han desarrollado una conciencia de dar y han demostrado éxito y prosperidad por medio de la práctica disciplinada de diezmar.

Un ejemplo clásico: Willliam Colgate. Antes de dejar su hogar en Baltimore para buscar fortuna en Nueva York, un amigo de la familia, un viejo capitán de un bote, le aconsejó: "Hijo, no importa el trabajo que hagas, hazlo bien, toma al Señor como tu socio, dale una décima parte de todo lo que ganes, y nunca fracasarás". Pronto Colgate fue el gerente de una compañía de jabones en Manhattan y unos años más tarde tuvo su propio negocio. El siempre reservaba diez centavos de cada dólar para obras de caridad. En sus libros, sus donativos eran calificados: "Cuenta con el Señor". A medida que sus ganancias crecían, instruía al tenedor de libros a aumentar la cantidad a 20 por ciento, y más tarde a 30 por ciento. Por último, daba 50 por ciento, y aun así mientras más daba, más prosperaba su negocio. Entre los muchos gestos filantrópicos a los cuales sus diezmos dieron vida se encuentran la Sociedad Bíblica Americana, de la cual fue uno de sus primeros directores, y la Universidad Colgate, que ahora lleva su nombre. Esta es una historia típica de la empresa americana basada en la influencia próspera de diezmar.

Es desafortunado, sin embargo, y también erróneo, que el proceso de diezmar se presenta como una ley divina más bien que como una disciplina de entrenamiento con la cual trabajar para conocer la ley de dar. A veces se dice que diezmar es remedio mágico para todos los males. Pero en diezmar no hay ninguna magia. Si la prosperidad o la curación es el resultado de diezmar, ha venido a través del cumplimiento de la ley. Según das, así recibes. Ir montado en bicicleta se basa en la ley de equilibrio que trabaja con la ley de inercia. Las ruedas de entrenamiento no tienen nada que ver con las leyes por medio de las cuales la bicicleta es propulsada. Ellas simplemente ayudan al ciclista a experimentar el funcionamiento de la ley.

¿Por qué insistimos en esta distinción? Diezmar no es un propósito, sino un medio útil hacia el propósito de vivir totalmente en una conciencia de dar. Muy a menudo las instituciones "venden" la práctica de diezmar como un modo de lograr continuo sostenimiento.

Ahora bien, una organización religiosa eficaz es, desde luego, digna de apoyo. Mas fundamental para esa eficacia es ayudar a la gente a comprender el alcance total de la ley de dar. Se pasa por alto completamente la responsabilidad educativa de guiar a la persona a una comprensión del proceso de *hacer lugar* al fluir divino. No es de extrañarse que alguna gente se refiera a diezmar como el "anuncio comercial de la iglesia", una trágica derogación de una hermosa idea. A menudo los libros sobre el tema de diezmar son adornados con signos de dólares, sugiriendo que diezmar es una manera infalible de hacernos rico. Nuevamente, una lamentable materialización de una hermosa Verdad. Diezmar como una especie de buena inversión y esperar que llegue más de lo que uno da, no es dar verdaderamente. Esto es una clase de trueque, una tentativa egoísta de hacer funcionar la ley en vez de dejar que la ley funcione en ti.

El enfoque materialista de diezmar es extendido, y bien pudiera ser que una voz que clama en el desierto sea la nuestra. Solamente pedimos que el diezmero, o la persona que considera los méritos de la práctica, piense sobre el asunto con el debido cuidado.

Si las personas diezman en la conciencia de hacerse

rica y tener éxito, edifican su casa sobre la arena. Con signos de dólares en los ojos, se preocupan más por lo que dan *a* que por lo que dan *de*. Esto no debe ser el caso. Es cuestión de motivación. Debemos hacer frente a algunas preguntas difíciles: ¿Diezmo para conseguir cosas o para tener una conciencia mayor de la ley divina? ¿Analizo la eficacia de mi diezmar a base de mi ingreso o de mi bienestar general?

No me interpreten mal en cuanto a este punto: dar es una ley espiritual fundamental. No puedes vivir sin dar, así como no puedes vivir sin respirar. Inhalas y exhalas continuamente. Es parte del proceso vital de vida. Pero no hay reglas que digan que debes inhalar tantas pulgadas cúbicas de aire. Esto depende de la capacidad de tus pulmones y de los requisitos con relación a tu nivel de esfuerzo. Ahora bien, puede ser que la persona no respire correctamente, por tanto un especialista puede ofrecer a la persona algunos ejercicios de respiración que pueden ser útiles para restaurar el equilibrio. En el mismo sentido, diezmar puede ser un programa excelente para ayudar a establecerte en el ritmo de dar y recibir.

Como enfatizamos en el capítulo anterior, en cualesquiera dificultades que puedas tener en la vida, el medio más eficaz para vencer es por medio de dar. Sin embargo, diezmar no es necesariamente el camino a una conciencia de dar. Es posible descuidar la conciencia de dar mientras estás extasiado con la "magia" de diezmar. He aquí un ejemplo: Una persona desea éxito y prosperidad en su trabajo. Está convencida de que diezmar hará magia para ella. Después de varios meses de diezmar, cuando no hay señales de cambio en su oficina, empieza a desalentarse. Ella cree que por medio de diezmar debía "recibir lo que se merece", de modo que una promoción o un aumento de salario debía manifestarse. Sin embargo, si analizas la ejecución en su empleo como lo hacen sus superiores, verás inmediatamente que ella no se da mucho a su trabajo, no es muy eficiente, llega tarde con frecuencia y habla a sus compañeros de trabajo incesantemente durante el día. Ella cree que, al diezmar, las cosas cambiarán. Podríamos decir que hay un aumento de salario para ella que se haría efectivo cuando ella fuera eficaz. Ella diezma, pero no da; debe empezar a pensar en *dar*, ser orientada hacia servir, caminar la milla adicional, ser más creativa en su trabajo. Diezmar puede ser una manera de adquirir una conciencia de dar, mas no es un substituto para una actitud dadora.

La gran necesidad es entregarnos al fluir divino, y diezmar puede ser un medio excelente para lograr la conciencia dadora. Sin embargo, el dar debe envolver algo más que hacer un cheque para el diezmo. Malaquías se refiere a *todos los diezmos*. Esto quiere decir todo nuestro ser y no sólo todo nuestro dinero. Cuando Jesús criticó a los fariseos por diezmar sin amor, podía haber implicado que ellos diezmaban decimalmente y no espiritualmente.

Todos los diezmos parecería ser ejemplificado en el incidente cuando Pedro y Juan iban a entrar en el Templo y un pordiosero, cojo de nacimiento, les rogó que le dieran limosna. Pedro dijo al hombre: "No tengo plata ni oro, pero lo que tengo te doy: en el nombre de Jesucristo de Nazaret, levántate y anda" (Hch. 3:6). Debido a toda esta conciencia dadora, el hombre fue sanado.

Kahlil Gibran, en su obra clásica *El Profeta*, dice:

Das poco cuando das de tus posesiones.
Cuando das de ti mismo es que realmente das . . .
Da como allá en el valle el mirto exhala su fragancia
en el espacio.

"Traed todos los diezmos al alfolí" podría implicar un compromiso para trabajar con la ley en todos los aspectos de la vida. *Probadme ahora en esto*, dice Dios. Prueba la ley con tus acciones. Esto envuelve caminar la segunda milla al enfrentar tus obligaciones, volver la otra mejilla en las relaciones y perdonar hasta "setenta veces siete"; significa diligencia en guardar la alta vigilia del pensamiento positivo y de reacciones amorosas al superar el mundo de tribulaciones. En otras palabras, la vida es conciencia, por tanto, es osado suponer que la ley pueda cumplirse por nada menos que el compromiso total y comprensivo de lograr una conciencia de alto nivel.

Jesús dio gran énfasis al proceso de dar como la manera de lograr ese grado de conciencia: da, y recibirás. Acostúmbrate a ser un medio para el fluir del bien. Piensa en dar, y recibirás. Piensa en tu trabajo como un medio de dar. Piensa en toda relación como una oportunidad de dar. Da a tus hijos. Da a tus vecinos. Da al transeúnte en la calle. Piensa en dar. Entrégate. ¡Da!

Y como parte de este compromiso a la conciencia dadora, da amable y sabiamente de tu substancia, sin pensar en retribución. No pienses en la persona o la institución a la cual das, porque esto puede dar a tu mente un aire de superioridad o es dar *para* ser *visto por los hombres*. Más bien piensa en la fuente de la cual das y así siéntete humilde al comprender que simplemente te entregas al fluir divino.

Desde luego, un plan útil y práctico para obtener orden y sistema en tu compromiso de dar es la práctica de diezmar. Diezmar tiene tanto sentido como hacer un presupuesto, y podemos darle un reconocimiento apropiado en el presupuesto. Sin embargo, es prudente recordar que el 10 por ciento es sencillamente un recordatorio disciplinado para traer todos los diezmos. La conciencia dadora debe continuar cuando terminas de hacer el cheque para el diezmo.

Si nuestro deseo de crecer y finalmente de dejar lo que era de niño es sincero, un buen plan es usar la regla de cálculo al diezmar como un medio de comprobar que damos espontáneamente durante el año. En otras palabras, en vez de seguir el ritual regular de escribir un cheque para el diezmo, trabaja con el compromiso de entregarte continuamente al fluir divino. Permítete ser libre —un dador alegre que no piensa en contratos o convenios o los grandes beneficios del éxito. Enorgullécete en la creciente madurez que demuestras durante el año al dar todos los diezmos. Y luego, a fines de año, cuando estás ocupado en examinar tu año fiscal para propósitos de impuestos, suma lo que has dado y ve cuán cerca has llegado a un 10 por ciento. ¡Qué grata sensación de satisfacción sentirás cuando notas que lo que diste excedió el diez por ciento! Ahora podríamos decir que has dejado lo que era de niño, porque ahora todos los diezmos significan *ningún diezmo,* en el sentido de obligación. Ahora estás gozosamente en el fluir de vida, a través de una conciencia dadora. La naturaleza humana es esencialmente dadora, y la vida se vive desde lo interno hacia lo externo. En los niveles humanos de conciencia, uno puede enfatizar *tomar* y *tener* como metas principales; en la conciencia espiritual, uno busca el camino de *dar* y de *ser*.

Lo esencial de la declaración en Malaquías es "os abro las ventanas de los cielos y derramo sobre vosotros bendición hasta que sobreabunde". Esto se cita usualmente para indicar que si diezmas, todo en el cielo y la Tierra te vendrá a las manos. Pero en este caso, cuán convenientemente olvidamos que el cielo no está "allá arriba". Jesús dijo claramente que el reino del cielo está en ti. No es un lugar en el espacio, sino un potencial interno de *esplendor encerrado* que es liberado a través de ti. Por tanto, las ventanas de los cielos están *en* ti. ¡Tú *eres* las ventanas de los cielos!

Tú eres las ventanas de los cielos, y te verterás como

una bendición. Y porque estás en el fluir de la substancia ilimitada a causa de tu compromiso a dar todos los diezmos, la bendición que puedes *llegar a ser* es más que suficiente para tratar con cualquier situación y enfrentar cualesquiera requisitos.

El énfasis a menudo es en dar para luego recibir de un Dios "allá arriba" o "allá fuera" del mundo. No perdamos de vista el principio de que Dios no puede hacer más por nosotros que lo que puede hacer a través de nosotros. Lo que recibimos es siempre un fluir mayor desde nuestro interior. Este fluir puede ser de amor o guía o vida o ideas que producen éxito, pero lo que recibimos está *en la misma corriente con lo que damos.*

Abrimos la llave de agua, de modo que pueda dar, y mientras más da, mayor es el fluir con el cual puede dar. Puede proveer refrescamiento y ser el medio de aseo para una familia, mas simplemente se ocupa en darse de sí misma. Puede parecer idealista y poco práctico decir que el propósito de dar no es recibir, sino dar. Y, sin embargo, en el momento en que enfocamos en recibir, empezamos a perder el fluir del dar. Como Jesús dijo: "No sepa tu izquierda lo que hace tu derecha" (Mt. 6:3). De lo contrario, podrías volverte como el fariseo que tocaba trompeta al dar para que todos se dieran cuenta de su "gran largueza". En sumo grado uno podría llegar a ser como dice Eugene O'Neill de Marco (protagonista de una de sus obras de teatro): "Ni tan siquiera es un alma mortal, él sólo es un instinto codicioso". Da para dar y para dar aún más. Este es el significado sutil y aún poderoso del mandato: "¡Piensa en dar!"

Oigamos menos de diezmar y más de dar. No nos dejemos engañar por las aseveraciones de "la ley mágica de diezmar". Diezmar no es una ley, sino una técnica para cumplir la ley de dar. No hay ninguna magia en ella, así como no hay magia en el fluir del agua cuando abrimos la llave de agua. No hay necesidad de magia cuando trabajamos diligentemente para mantenernos en el fluir de vida.

Comprendamos, esto no quiere decir que no debamos dar una décima parte o más de nuestro ingreso. Diezmar es una técnica poderosa para emplear mediante la cual logramos la disciplina de dar espontáneamente. Finalmente no puedes saber realmente si eres un dador de *todos los diezmos* hasta que pongas a prueba por un tiempo (es bueno probar esto por un mes) el poner a un lado la práctica de diezmar y aún terminar con una cantidad equivalente por medio del dar espontáneo. Tal vez esto sea un reto para alguna gente que prefiere seguir el modo decimal de dar. Es como un niño que aprende a montar bicicleta con ruedas de entrenamiento y luego continúa usándolas durante toda la vida. Es probable que él jamás sepa si podría ir montado firmemente sin ellas.

Desde luego, es vital tener una conciencia dadora y dejar que tus manos se entreguen a alguna clase de fluir dador. Un programa disciplinado de diezmar es ciertamente un paso gigantesco en el crecimiento espiritual. Simplemente sugerimos que no te detengas ahí. Atrévete a dar un paso más allá de la práctica de diezmar.

¿Querrá decir eso disminuir lo que damos a iglesias e instituciones? Al contrario, eso debe guiar a una efusión más sostenida y generosa, pero de parte de gente que se ha liberado de las presiones y exactitudes de dar la décima parte para, luego, recibir el gozo y la afluencia del dar verdaderamente espiritual. Al fin y al cabo, las instituciones merecedoras deben ser sostenidas más eficazmente y los dadores deben tener cada vez más un sentido de satisfacción al saber, a fines de cada año, que lo que han dado en realidad ha logrado o excedido el diezmo. La gente que logra esta conciencia está preparada verdaderamente para entrar en el nuevo milenio.

CAPÍTULO **12**

Una nueva visión del mundo

En el curso de este libro, nos hemos dedicado a un extenso estudio de la *economía espiritual*. Repetidamente, hemos recalcado el punto de que las condiciones económicas, no importa lo terrible que parezcan ser, pertenecen al mundo "allá fuera". Lo importante para ti es saber cómo manejarlas en tu conciencia. Cuando comienzas a ver las cosas desde la perspectiva elevada de la substancia divina que es siempre presente, estarás en el fluir creativo de abundancia, que bendecirá tu vida con afluencia sustentadora. Y este fluir creativo surgirá de ti también y será una influencia próspera en el mundo.

La declaración anterior tal vez parezca ser más poesía que realismo. Sin embargo, es un fundamento de la ley de prosperidad que es abordado raras veces. Desde luego, todo corazón humano anhela seguridad y estabilidad en los asuntos financieros. Mas hay otro aspecto. La persona que alcanza prosperidad se vuelve inmediatamente influencia para abundancia en el mundo. Jesús aludió a esto cuando dijo: "Y yo, cuando sea levantado de la tierra, a todos atraeré a mí mismo"(Jn. 12:32). Luego en este capítulo discutiremos esto en mayor detalle.

Todos vivimos y tenemos nuestras obligaciones en el mundo, por tanto, no es fácil mantener un nivel de fe alto. En estos tiempos de comunicación de masas, todos estamos expuestos a una continua descarga de catastrofismo por los pronosticadores de la economía, que emplean estadísticas de negocios e "indicadores económicos". Haríamos bien en escuchar a Pablo: "No os conforméis a este mundo, sino transformaos por medio de la renovación de vuestro entendimiento" (Ro. 12:2).

A menudo es importante grabar en ti la gran seguridad del "principio de unidad", el cual repetimos aquí un poco parafraseado:

Dondequiera que esté la substancia en absoluto, toda la substancia debe estar; y debido a que la substancia es omnipresente, toda la substancia universal debe estar presente a la vez en todo punto en el espacio.

Esta es ley espiritual fundamental. Cuando realmente te conoces a ti mismo como un ser espiritual, experimentas el cumplimiento de la ley, que "se precipita, corre y se vierte en ti" en términos de substancia y provisión y de todo lo que se requiere para el éxito. Cuando Jesús dijo: "Yo he venido para que tengan vida, y para que la tengan en abundancia" (Jn. 10:10), decía que el descubrimiento importante que había hecho en la Mente Infinita preparó el camino para lo que Emerson llamó "una entrada que puede volverse una salida a todo lo que hay en Dios". En esta conciencia podemos decir: "Muchas veces no he tenido un céntimo, pero nunca he sido pobre". Puede haber momentos en que carezcas de suficiente dinero, mas nunca puedes estar separado de la toda suficiencia de la substancia divina en ti.

Desde luego, desconociendo esta ley espiritual fundamental, los negocios fracasan y la gente pasa hambre. Si estás envuelto en la negatividad de los tiempos, lees los artículos deprimentes de desempleo y fracasos en los negocios, miras en el televisor los documentales que tratan sobre el hambre de las masas en otras partes del mundo, bien podrías reaccionar con temor y ansiedad. Un ministro, tomando las últimas tres palabras de la película clásica *Bridge Over the River Kwai* (Puente sobre el río Kwai), anunció como título de su sermón: "Locura, locura, locura". El sermón fue un pronóstico negativo de hambre y desesperación mundial, e indicaba la esperanza imprecisa de una vida después de la muerte, y cómo en algún paraíso lejano las cosas se arreglarían.

En teología cristiana ortodoxa, la vida después de la

muerte es un cielo donde hay "calles doradas" y probablemente riqueza para todos. Es casi incomprensible cómo este cielo "allá arriba" se volvió tan establecido en el pensamiento religioso del mundo occidental, particularmente después que Jesús lo situó claramente: "El reino de Dios no viene con manifestación exterior . . . porque he aquí que el reino de Dios dentro de vosotros está" (Lc. 17:20–21 Versión Popular).

Jesús no hablaba de un lugar en el espacio, sino de una dimensión de nuestras mentes, y decía que dentro de toda persona hay vida y substancia ilimitadas, y libre acceso a la inteligencia divina. Carencia de cualquier clase en la experiencia humana es el resultado de algún tipo de obstrucción en el libre fluir del proceso creativo. No puedes comenzar a comprender la ley de prosperidad hasta estar dispuesto a aceptar este aspecto, que significa hacerte cargo de tu vida. Tu conciencia, por lo menos, ha contribuido a ponerte en el lugar donde estás. Y el otro lado de esto, también, debe ser verdad: cuando empiezas a ejercer dominio sobre tus pensamientos, estás en armonía con una evolución que conduce al desenvolvimiento de la clase de asuntos y experiencias que deseas.

Con frecuencia hacemos estas preguntas: "¿Pero es posible para toda persona gozar de prosperidad? ¿No hay un límite en el universo?" Estas son preguntas lógicas desde una perspectiva puramente humana. En el campo de la economía, muchos de los "expertos" de hoy en día han sido influidos por la doctrina maltusiana presentada por el economista británico Thomas Malthus en el siglo dieciocho y a principios del siglo diecinueve. El sostuvo que la población siempre se multiplica más rápidamente que sus medios de subsistencia. Su predicción deprimente para el mundo del futuro: pobreza para todos. Malthus también era clérigo, pero desgraciadamente nunca descubrió la totalidad y la eterna presencia de la substancia divina. No hay duda que enfrentamos un mundo en crisis. Pero veamos la palabra *crisis* como los chinos la ven desde la perspectiva del difícil proceso de traducirla al inglés. Ellos usan los símbolos para dos palabras: *peligro* y *oportunidad*. Desde luego, afrontamos tiempos críticos hoy día y en el camino al futuro. Sin embargo, tenemos la maravillosa oportunidad de introducir un nuevo mundo en el cual la gente de conciencia vivirá con lo que Thoreau llama "el permiso de una orden más elevada de seres".

Deberemos exponer a nuestros hijos en los primeros años escolares a la idea de un universo espiritual y su relación especial con él. No nos referimos a religión. Desde luego, no querríamos ver el proceso educativo confundido por la infusión de puntos de vista teológicos fanáticos. Sin embargo, hay la gran necesidad de ayudar a los niños a conocerse como personas completas en un universo completo. Naturalmente, el próximo paso sería retar a los estudiantes de escuela de segunda enseñanza y de universidad con el concepto de *economía espiritual*. Oliver Wendell Holmes una vez dijo: "Una vez que una mente se ensancha con una nueva idea nunca puede volver a su dimensión original". Cuando la gente expande su conciencia con el principio de prosperidad, no será la misma de antes. Entonces estará preparada a ser parte de la nueva era a medida que ésta se desarrolla.

> Hay ahora evidencia incontrovertible de que la humanidad acaba de entrar en el período mayor de cambio que el mundo jamás haya conocido. Los males que sufrimos han tenido su fundación en el pensamiento humano. Pero hoy día algo sucede a toda la estructura de la conciencia humana. Una nueva clase de vida empieza. En vista de tal conmoción, realmente estremecido por ella, nadie puede permanecer indiferente. Llevados por la corriente de los asuntos, ¿qué podemos hacer para ver claramente y actuar decididamente? No importa cómo podamos reaccionar a los sucesos del momento, debemos primero reafirmar una fuerte fe en el destino del hombre.
>
> —*Teilhard de Chardin*

Mientras los economistas ven con alarma el "mundo en crisis", es significativo que aquí y allá los pensadores de la nueva edad como tú sostienen la visión del ser humano espiritual que siempre se ha puesto a la altura de las circunstancias para expresar la sabiduría y creatividad requeridas para dar el próximo paso lógico en el progreso de la civilización. En otras palabras, esperamos que logres más de este estudio que sólo aprender a demostrar los recursos para pagar tus cuentas. Queremos verte vinculado al proceso universal de crecimiento, para que puedas llegar a ser una parte vital de la espiritualización de "la estructura de la conciencia humana".

Hace algunos años en la Universidad de Amherst, una calabaza fue sembrada en terreno fértil. Cuando hubo crecido aproximadamente al tamaño de la cabeza de una persona, los investigadores pusieron una banda de acero alrededor de ella con arneses unidos a la banda, de modo que pudieran descubrir el poder levantador de la calabaza. Ellos estimaron que pudiera ejercer una presión de quinientas libras. En un mes llegó la presión a quinientas libras. En dos meses llegó a mil quinientas libras, luego a dos mil libras, y tuvieron que fortalecer las bandas. Finalmente la presión llegó a cinco mil libras cuando rompió la corteza. Al abrir la calabaza, los investigadores se asombraron al encontrar que ella era una masa de fibras que se habían desarrollado al tratar de luchar con los obstáculos que impedían su crecimiento. Aún más, la investigación reveló que ochenta mil pies de raíces habían crecido y éstas iban en todas direcciones para encontrar ayuda y fuerza para las fibras que necesitaban substancia.

El experimento con la calabaza reveló que, debido a la naturaleza de la vida, la crisis fue la oportunidad para nuevo crecimiento. Es como si la calabaza, debido a que necesitaba poder adicional para romper las bandas, movilizara todos los medios asequibles para lograrlo. Vemos este mismo proceso activo en la evolución de la naturaleza. Por ejemplo, la jirafa desarrolló un pescuezo largo porque necesitaba alcanzar las hojas comestibles de los árboles altos que crecían en su ambiente natural. Las aves desarrollaron su asombroso instinto de regresar a casa porque lo necesitaban para capacitarlas a emigrar de una parte del mundo a otra y regresar a casa con seguridad. Y cuando hacemos frente a la vida con esa "fuerte fe", podemos saber que desarrollaremos las llaves de paz y abundancia, porque las necesitamos. Una crisis económica nos ofrece, también, la oportunidad para el crecimiento.

Los psicólogos estiman que ni una persona en un millón realiza lo mejor que hay en él o ella. ¿Lo haces tú? ¿Sacas todo el provecho posible de tus recursos internos? Cuando vas en el metro o en el autobús o en un ascensor apiñado, mira las caras de la gente a tu alrededor y trata de imaginar cómo sería la vida si toda esa gente de pronto despertara y llegara a ser la mejor clase de persona posible. Luego, mírate en un espejo y reflexiona sobre la idea relacionada contigo mismo. ¿Puedes imaginar lo que tu vida sería si pudieras realizar toda tu potencialidad?

Decimos esto no para descorazonar tu conciencia en cuanto a lo mucho que debe realizar. Lo importante es saber que la civilización está comenzando y *lo mejor está aún por llegar*. La gran sabiduría de las edades permanece todavía sin descubrir en las profundidades del ser interno de la humanidad. La gran capacidad para salud y vida eterna aún permanece sin descubrir en el potencial de nuestra vida. La llave del reino de toda suficiencia, con empleo, alimento y abundancia para todos, aún permanece sin usar en las profundidades de nuestra fe sin desarrollar. Desde luego, nos enfrentamos con retos personales muy difíciles así como con retos económicos mundiales, pero sabemos que estos son los mejores tiempos, porque tenemos la oportunidad de dar lugar a un nuevo mundo.

En un libro titulado *The Amazing Crusoes of Lonesome Lake* (Los Asombrosos Crusoes de Lonesome Lake), Ralph Edwards cuenta de una interesante experiencia pionera en los bosques al norte del río Yukón. Esta familia fue allí llevando solamente las desnudas manos en un experimento para ver si podía establecer una vida para ella. El autor comenta: "Al principio todo lo que teníamos era absoluta necesidad". En el mismo sentido, los problemas económicos del mundo nos proveen con la absoluta necesidad, como Browning lo expresa, "de abrir un camino para que el esplendor encerrado pueda salir".

Ahora bien, podrías preguntarte sobre el hecho de que Jesús dijo: "Porque siempre tendréis pobres con vosotros" (Mt. 26:11). ¿No indica esto que siempre habrá focos de pobreza en el mundo? Jesús, como era Su costumbre, hablaba en un sentido simbólico personal. La palabra *pobre* como se usa aquí viene de la palabra raíz que significa "mendigo". El decía que vivimos en el mundo y absorbemos los pensamientos limitativos y mendicantes por un proceso casi como el de osmosis. El reto es trascender limitaciones y lograr un alto nivel de conciencia.

Desafortunadamente, la sociedad ha aceptado ese aforismo de tener pobres siempre con nosotros, que ha ocasionado el "síndrome de bienestar". Las iglesias por mucho tiempo han participado en la obra de alimentar y vestir a los pobres, lo cual tiene mérito. Pero es también una evasión de responsabilidad, porque la iglesia ha hecho poco o nada por ayudar a los indigentes a encontrar su propia *entrada que puede llegar a ser una salida para todo lo que hay en Dios.* Cuán grande es la necesidad de ayudar a la gente a conocerse como medios para el fluir de la substancia divina que surge de su interior, y así ayudarlos a librarse de las trabas de la pobreza y a entrar en la corriente de la vida afluente.

Al mirar el camino a la civilización futura, parece obvio que todas las instituciones religiosas deben dar la máxima prioridad a la enseñanza de economía espiritual a sus seguidores. La gente no solamente debe participar en la práctica de la presencia de Dios, sino que debe saber, también, que el reino de Dios, que está a la mano, es un reino de substancia omnipresente y omniactiva. La religión a la larga debe ayudar a toda la gente a entrar en el fluir creativo de vida sanadora, inteligencia guiadora e ilimitada substancia sustentadora.

Hace algunos años un hombre tuvo un ideal. Creyó que la gente privada de medios económicos podía ser rehabilitada espiritualmente y traída a la experiencia de la clase media. Con la cooperación de las agencias de desempleo y de asistencia social del estado de Nueva Jersey, se le dio los nombres de quinientas personas que no podían ser empleadas. Esta era gente que había estado desempleada por lo menos dos años, y durante este tiempo había perdido toda esperanza de encontrar trabajo y se había acogido a la ayuda del sistema de asistencia social. Esta gente fue invitada a matricularse en un curso intensivo de dos semanas para desarrollar conciencia, cambiar su autoimagen, aprender a pensar positivamente y a enfocar sus destrezas, y a escribir sus *currículos vitae*. Por medio del recurso de la práctica de roles, aprendió a solicitar empleos, a comportarse en entrevistas, y así sucesivamente. Finalmente, al cabo de dos semanas de entrenamiento concentrado y mostrando ya señales de nueva confianza, esa gente fue enviada a buscar empleo por su propia cuenta. No se le dio pistas ni ayuda de ninguna clase. En cierto modo, sus maestros simplemente dijeron: "Bueno, ahora salgan y encuentren empleos". En seis meses 80 por ciento del grupo de quinientas personas tenía trabajos retribuidos. Esto quiere decir que cuatrocientas personas habían sido realmente transformadas de personas en asistencia social —agotadores de impuestos— a ciudadanos que pagaban impuestos. El informe de este experimento incluyó una cuidadosa continuación sobre cada persona en el estudio. Podemos imaginar la operación de este mismo programa en toda la nación causando una repercusión a través de todos los segmentos de la sociedad.

¡Qué tremendo impacto tendría al disminuir la cantidad de la asistencia social y aumentar los ingresos tributarios! Esto en realidad podría cambiar completamente la economía de la nación en treinta días. El informe, documentado cuidadosamente, fue llamado El Plan Patterson. Podrías preguntarte qué fue de este plan. ¡Nada! —lo cual muy bien puede indicar que al menos una parte del problema es la inercia de todo el sistema de asistencia social, que está inmovilizado por el síndrome siempre-tendréis-pobres-con-vosotros. El sistema fue amenazado por un plan que prometía relevar y posiblemente eliminar mucha pobreza.

Este proyecto de investigación —muy iluminador— reveló claramente que la pobreza se corrige, no distribuyendo dinero, sino ayudando a la gente a cambiar su autoimagen y a lograr una "mentalidad de abundancia". Charles Fillmore una vez dijo: "Ser pobre es un pecado". Esto no es criticar a la gente de condición económica muy baja. Para un estudiante de metafísica la palabra *pecado* quiere decir "la frustración del potencial". La palabra pecado en inglés se relaciona estrechamente con la palabra anglosajona *syne*, un término que se usaba en el tiro de arco y que significa errar el tiro. Por tanto, pecar es no dar en el blanco, no llegar a la perfección, un obstáculo en el proceso de proyectar nuestra potencialidad divina. La pobreza como una condición colectiva sólo puede ser corregida al ayudar a la gente, una por una, a *avivar el don de Dios en ella.*

Esto no quiere decir que los pobres son responsables

por la condición de pobreza. Pero quiere decir que toda persona debe hacerse cargo de su propia vida. La experiencia de pobreza en toda vida es la oportunidad personal de despertar a una nueva conciencia y revelar un nuevo orden de vida. La gente puede comenzar con lo que tiene y hacer lo que puede donde está, aunque todo lo que realmente tenga sea *pura necesidad*. Mas si declara tener esa "fuerte fe" en el Universo de orden, experimentará una nueva conciencia que guiará sus manos, dirigirá sus pasos y le sugerirá lo que tiene que decir en un gran proceso de transformación de indigencia a afluencia.

El cínico dirá: "¡Estás soñando! Y de todos modos, no hay empleos disponibles". Es ahora que necesitamos urgentemente la sabiduría de Jesús, al decir: "No juzguéis según las apariencias, sino juzgad con justo juicio" (Jn. 7:24). También dijo: "Y yo, cuando sea levantado de la tierra, a todos atraeré a mí mismo" (Jn. 12:32). A medida que una persona cambia su nivel de pensamiento, la conciencia total de la raza cambia a tal grado. Cuando una persona deja la asistencia social y empieza a encauzar su pensamiento hacia trabajo productivo, hay un efecto que repercute a través de toda la economía de la nación, aun del mundo. Es verdad que la influencia es pequeña, ciertamente imperceptible, pero es real. Es muy parecido al fenómeno descrito por los astrofísicos: si una persona hace un movimiento con la mano, causa una repercusión en la atmósfera que se deja sentir en la estrella más remota. Así, a medida que una o dos personas acá y allá a través del país empieza a *pensar* en trabajo, *pensar* en productividad y *pensar* en abundancia, algo sucede. La gente se siente más segura y empieza a comprar; los negocios empiezan a prosperar y así a admitir más trabajadores; el gobierno gasta menos en asistencia social y recibe más impuestos, y se da el lujo de decidir si reducir los impuestos o comenzar nuevos programas de desarrollo social; pero cualquiera de los dos casos lleva al bienestar económico de la nación, que a su vez llega a ser una afluencia a la prosperidad de toda persona.

La parte extraordinaria de este proceso cíclico de prosperidad en el mundo es que tiene su génesis en la influencia modesta de dos o tres personas que convienen en una conciencia de prosperidad y creatividad. Una sola persona que cambia sus pensamientos, y se aviva con la idea de que la substancia de Dios es toda suficiencia, y afirma su derecho a la prosperidad y el éxito en el mundo, no sólo empieza a tener abundancia en su vida, sino que también se vuelve una influencia poderosa para la prosperidad en el mundo. Este es un cambio total del viejo pretexto "cuando la economía mejore, mi situación mejorará". Es la gran y nueva convicción de que "cuando me muevo hacia la prosperidad, toda la economía mejora". Algunos grupos de estudiantes de la Verdad cantan la canción poderosa de Sy Miller y Jill Jackson, *Haya en la Tierra paz y que ésta comience conmigo*. Tal vez debamos pensar en términos de bendecir la economía del mundo al cantar "haya en la Tierra prosperidad y que ésta comience conmigo". Las palabras no se adaptan a la música, mas la idea puede comenzar una cadena de poder que empezará una acción definida hacia la realización de nuestra nueva visión del mundo. ¡Piensa en lo que este nuevo concepto significa! La antigua teología enseñaba, o al menos implicaba firmemente, que es pecado ser próspero. Por tanto, a menudo han habido sentimientos reprimidos de culpa asociados con el deseo de tener abundancia. En nuestra nueva visión del mundo, es todo lo contrario. El uso correcto de las leyes de economía espiritual es una influencia poderosa para la prosperidad en el mundo. Desde luego, en el aspecto práctico, eso quiere decir un gran renacimiento de confianza en uno mismo, donde uno no acude a otros o al gobierno por los medios de prosperidad. La persona hace lo que puede con lo que tiene ahí mismo donde está. Por tanto, se vuelve un cauce receptivo y consciente para el fluir de la substancia de Dios. Y en esta persona y en aquellas como ella, presenciamos un prometedor regreso de la persona humilde que triunfa en la vida por esfuerzo propio.

Otro estudio reciente y significativo trata con el problema de inflación. El estudio atribuyó la responsabilidad mayor a la productividad, y más específicamente a las actitudes de los trabajadores. El informe admitió que no podía haber una solución rápida e insatisfactoria, pero que se podía hacer un comienzo al mejorar las actitudes personales de todo trabajador en el mundo mercantil. Oímos hablar mucho sobre recesiones y depresiones como si nos refiriéramos a un gran monstruo que tiene al mundo en sus garras. El hecho es que hemos estado en medio de una *gran depresión en las actitudes de los trabajadores.*

En años recientes ha habido un movimiento ascendente y en espiral a través de la industria y sus trabajadores de tener mayores ganancias por productos inferiores y salarios más altos, menos horas de trabajo y cada vez menos productividad en esas horas. Ha llegado el momento de un cambio. Si pudiera haber un cambio en masa en las actitudes y la productividad de los trabajadores, y la gente se envolviera en el ideal de trabajar como la oportunidad de liberar su potencial interno, habría un cambio completo en los bajos económicos y las tendencias inflacionarias en cuestión de semanas.

Por tanto, podemos ver que la solución de los problemas económicos del mundo es simple. La solución no es fácil, mas es simple desde el punto de vista de que no es compleja. No es fácil porque depende de que la gente se dé cuenta de que lo esencial del problema no está "allá fuera en algún sitio", sino en la conciencia de cada persona. El estudiante sincero de la Verdad se mirará en el espejo y dirá: "Ya es tiempo de que dejes de ser parte del problema y llegues a ser parte de la solución". La solución es una conciencia colectiva de la substancia divina, substancia que siempre está presente. Cuando pienses en abundancia y empieces a sentir su libre fluir en tu vida, eres una parte vital de lo que produce prosperidad para todos.

Tal vez deberíamos considerar el pasado y ver cómo lle-

gamos a la situación presente. Nuestros antepasados norte-
americanos no fueron distintos a los seguidores de Moisés
en su huida de Egipto. Nuestra gente vagó por desiertos
mucho más anchos que Sinaí. Hemos establecido muchísimas ciudades más espléndidas que Jerusalén. Hemos cons-
truido cientos de templos mejores que el de Salomón. Y nos
hemos levantado a una posición de prestigio, poder y
afluencia en el mundo —y por derecho de conciencia, porque la ley divina obra así. Pero estamos viendo un cambio:
mucha de nuestra influencia en el mundo disminuye, hay un
pudrimiento interno en nuestras grandes ciudades y nuestros
templos han perdido sus voces e influencias para el bien.

Los profetas hebreos hablaron casi unánimemente al
proclamar que la prosperidad y la rectitud están íntimamente relacionadas —no la rectitud de los fariseos que
hacían alarde de su beatería, sino el "uso correcto" de la
ley divina en pensamiento y práctica en el mundo mercantil. Para decirlo en términos muy simples: esto quiere
decir rechazar una filosofía que confía en el oro y volver
al antiguo ideal de confiar en Dios. La solución sencilla es
desviarnos de la tendencia contemporánea de materialismo desenfrenado.

"Sembráis mucho, pero recogéis poco; coméis, pero
no os saciáis; bebéis, pero no quedáis satisfechos; os
vestís, pero no os calentáis; y el que trabaja a jornal
recibe su salario en saco roto."

Hageo 1:6

¿No parece esto como una observación sobre el alto costo de vida hoy día y la dificultad, por causa de la inflación, de mantenernos a flote con los aumentos de precio? Realmente, las palabras fueron dichas por Hageo hace más de 2,500 años. El hablaba de cómo hacer frente a una economía estancada. ¿Cómo podrías describir mejor la inflación que recibir tu salario _en saco roto_? La respuesta de Hageo al problema de la economía: "Subid al monte, traed madera y reedificad la Casa" (Hag. 1:8). Hasta cierto punto —un punto de vista simbólico y personal— esto dice que vayas a tu interior en un momento de silencio y renueves tu conciencia de Dios como tu recurso, y luego te ocupes de tus asuntos en la firme conciencia de la omnipresencia de substancia.

Como estudiantes del pensamiento de la nueva conciencia, te reto a asirte a este principio de prosperidad de la omnipresencia de substancia. Vuélvete parte de la nueva epidemia mundial que tiene fe en que la pobreza o carencia no es necesaria en ningún lugar. Cree que estás siempre en la presencia de ilimitada substancia que formas y liberas por medio de tu fe.

Mantén una visión elevada de la Verdad al saber que, dondequiera que estés y cualquiera que sea tu experiencia, eres una entrada y puedes llegar a ser una salida para el fluir de la substancia divina. Y recuerda, la substancia no es simplemente dinero que se puede gastar, sino aquello que da valor a todo lo que tienes, a todo lo que haces, a todo lo que eres. La substancia es ideas; es creatividad; es guía; y es salud y vitalidad.

Escucha las palabras de Charles Fillmore al enviar una llamada fuerte y clara a la visión del nuevo mundo:

En la nueva era que amanece ahora, tendremos espíritu de prosperidad. Conoceremos este principio de substancia universal y actuaremos sobre él, y no habrá lugar para carencia. La provisión será más uniforme. No habrá millones de fanegas de trigo guardadas en almacenes mohosos mientras la gente pasa hambre. No habrá sobreproducción o infraconsumo u otras desigualdades de provisión, porque la substancia de Dios será reconocida y usada por toda la gente. Las personas no amasarán fortunas un día y no las perderán el próximo, porque aquéllas ya no temerán la integridad de sus semejantes . . . ¿Es ésta una utopía que no es práctica? La contestación depende de ti. Tan pronto como reconoces individualmente la substancia omnipresente y pones tu fe en ella, puedes esperar que otros a tu alrededor hagan lo mismo.

La gran nueva visión mundial de la que habla el Sr. Fillmore existe ahora. "El reino de Dios se ha acercado." Dondequiera que estés eres una posibilidad, aún por nacer, de vida, inteligencia y substancia ilimitadas, y es tu privilegio y responsabilidad de ser el origen de esta posibilidad. Si no demuestras provisión en una manera de vida ordenada y afluente, frustras tu potencial. Y eres, además, una parte del problema de la sociedad.

Es importante para ti, como un ser espiritual, experimentar perfección en todos los aspectos de la vida. Debes tener salud, una vida de amor y cumplimiento y debes manifestar armonía en todos tus asuntos, lo que lleva a la prosperidad y éxito. Pero recuerda, la conciencia de la sociedad en su totalidad, que incluye, desde luego, tu vecino de al lado, será influida para el bien o para el mal por la clase de pensamientos que gobiernan tu mente y se manifiestan en tu mundo. Por tanto, para el bien de la humanidad en conjunto, así como para tu propia experiencia, piensa en substancia, piensa en prosperidad, piensa en abundancia para todos.

Desde luego, el mundo es tan grande y el problema de la pobreza y el hambre está tan difundido que tal vez pienses: ¿Pero qué puedo hacer yo? ¿Cómo puedo ejercer alguna influencia en una necesidad de proporciones tan gigantescas? ¡No soy más que uno! Canon Farrar tiene la respuesta. Permite que él te hable directamente:

> Soy sólo uno, pero soy uno.
> No puedo hacer todo, pero algo puedo hacer.
> Lo que puedo hacer, debo hacer.
> Y lo que debo hacer,
> por la gracia de Dios lo haré.

Sobre el autor

Eric Butterworth fue ministro del Centro de Unity de Cristianismo Práctico en la ciudad de Nueva York donde sirvió por más de 35 años. Dirigió un programa de conferencias públicas, seminarios de crecimiento y retiros, y sus programas de radio fueron emitidos en cuatro estados.

Ordenado en 1948, él desempeñó un papel importante en la organización de la actual Asociación de Iglesias de Unity. Sirvió en iglesias de Kansas City, Pittsburgh y Detroit, y era considerado uno de los portavoces y pensadores principales tanto en el movimiento Unity como en el movimiento Nuevo Pensamiento.

Escribió frecuentemente para Unity Magazine, creó muchos casetes populares de Unity y publicó numerosos libros de Unity que incluyen *In the Flow of Life*, *Unity: Una búsqueda de la Verdad*, *Celebrate Yourself*, *The Concentric Perspective* y *MetaMorality: A Metaphysical Approach to the Ten Commandments*.

El Sr. Butterworth nació en Canadá y se crió en California. Debido a que su madre fue ministra de Unity, él fue criado con las creencias de Unity. Dijo: "Parece natural dedicar mi vida a la obra de ayudar a otra gente a descubrir cómo la Verdad tiene una influencia en sus vidas, como yo he conocido su influencia en la mía".

Eric Butterworth falleció el 17 de abril del 2003.

Descubre tu poder interno

por Eric Butterworth

En cada uno de nosotros existe un potencial profundo, un poder que podemos liberar y utilizar en el logro de nuestras metas. Jesús de Nazareth abordó los problemas del ser humano y encontró respuestas simples pero profundas. *Descubre tu poder interno* explora los evangelios de Jesús para encontrar respuestas a cómo tener éxito, cómo tener confianza en sí mismo, cómo superar problemas personales y cómo lograr salud.

Este libro te ayudará a encontrar ese potencial profundo en ti. Haz del modo de vida de Jesús, tu modo de vida y libera tu poder divino para que tu luz brille.

#266, US$10.95, en rústica, 370 páginas, ISBN 0-87159-221-5

Puedes hacer pedidos llamando al (816) 251-3574
Unity House
1901 NW Blue Parkway, Unity Village, MO 64065-0001 U.S.A.

Abundancia sin límites: Ahora y aquí

por Norma Iris Rosado

¡Dios quiere que disfrutes de Su abundancia!

Para lograr verdadera prosperidad y abundancia, a veces debemos efectuar cambios en nuestro modo de pensar respecto a nosotros mismos y las circunstancias que afectan nuestras vidas. ¡Permite que por medio de este casete, Norma Rosado te guíe a realizar cambios que te conduzcan a lograr prosperidad, a tener fe, a traer gozo a tu vida! Aprende a reconocer a Dios como creador y tu fuente de provisión, aprende a utilizar los principios de prosperidad en tu vida diaria como instrumentos del cambio que deseas ver realizado.

#7457, US$10.95, casete, ISBN 0-87159-852-3

Puedes hacer pedidos llamando al (816) 251-3574
Unity House
1901 NW Blue Parkway, Unity Village, MO 64065-0001 U.S.A.

Una guía diaria para la vida espiritual

por Jim Rosemergy

¿Sientes descontento en tu vida? ¿Necesitas alternativas en tu desarrollo personal y espiritual? Puede que ese descontento sea el deseo de tu alma de conocerse a sí misma. En este dinámico libro, Jim Rosemergy ofrece una perspectiva del humano sagrado y de su naturaleza espiritual, y la misión que Dios le ha dado. El humano sagrado está representado por el descontento en nosotros. Esta guía espiritual alienta a la persona a permitir que ese deseo divino sea la fuerza motivadora de su vida.

Valiéndose de citas bíblicas y afirmaciones diarias, y respaldado por muchos años de experiencia como ministro y consejero espiritual, Jim demuestra que la única y verdadera guía es la que encontramos en Dios, y te enseña a diferenciar entre Su voluntad y la voluntad personal.

Este libro consta de trescientos sesenta y cinco lecciones que fueron escritas con dedicación y un poderoso deseo de ayudarte en tu camino espiritual.

#292, US$18.95, en rústica, 501 páginas, ISBN 0-87159-212-6

Puedes hacer pedidos llamando al (816) 251-3574
Unity House
1901 NW Blue Parkway, Unity Village, MO 64065-0001 U.S.A.

Printed in the U.S.A.

298-5393-5C-2-04